赤ワインは冷やして飲みなさい

ソムリエ・日本酒きき酒師
友田晶子

青春新書
PLAYBOOKS

はじめに

「最高の1杯」への招待

「今日は、何を飲もうかな？」

帰りにスーパーによって、お気に入りのチーズと一緒に気になっていたあの赤ワインでも買っちゃおうかな。この前見た雑誌には、「1500円でこの芳醇な渋味はありえない！」なんて大絶賛だったもんな。

でも、久しぶりに、家で鍋でもつつきながら、大事に取っておいた日本酒を味わうのも悪くない。ちょっと燗すれば、お米の甘味と香りが広がって最高なんだよなぁ…

いや待て、今日会社で後輩から聞いたクラフトビールなんてのもアリかも。「強烈に苦いんですけど、後に残るコクがたまらないんですよ！」なんて話を聞いて、思わず喉がなっちゃったもの。でも、何を合わせると美味しいだろう…

あ、そう言えば、最近あの店に行ってないから、ちょっと顔でも出しておこうか。九州出身のおやじだけあって、地鶏や黒豚なんかを使ったアテが最高なんだよな。それに合わせる焼酎のうまいこと、うまいこと…

あれ、こんなところに「ワインバル」なんてできたんだ。え、1杯300円？　飲んだことないのもいっぱいあるな。料理も美味しそうだし、この際フンパツして飲み比べてみるのもいいかもしれない。おやじには悪いけど、ちょっと浮気しちゃおうかな。

それにしても、ああ、迷うなぁ――


こんな、〝嬉しい悩み〟を抱えている方、きっと多いんじゃないでしょうか。

私は、トータル飲料コンサルタントとして、ソムリエとして、また日本酒や焼酎のきき酒師として、プロアマ問わず日々様々な方とお酒の話をかわしますが、決まって話題に上るのが、「これほどお酒が楽しい時代は他にない！」ということ。

スーパーやコンビニに行けばお手頃価格なのに昔じゃ考えられないくらい美味しいワインが並び、こだわりのお酒屋に行けば手書きのポップがつけられた日本全国の〝個性派〟地酒に思わず心が躍り、ちょっと街に繰り出せばカジュアルな1杯を楽しめるお店から、最高の1本を体験させてくれる本格派のお店もある。

プロの目から見ても、これほど「楽しい」時代は未だかつてないと思います。

技術の向上や若い人の活躍で全く新しい味が生まれたり、今まで日本にはなかった海外の美味しいお酒が入ってきたり、斬新な飲み方で楽しませてくれるプロが増えたり…かつて無いほどお酒に深みと広がりが生まれているのです。そりゃあ、嬉しい悩みも出てくるわけです。

しかし一方で、それだけ幅が広がったということは、時代に合った「新しいルール」が必要、ということを意味します。

もちろん、酒飲みの先人たちが酒と付き合い、味わい、そうしたなかで受け継がれてきた〝常識〟も大切です。理に適ったもの、正しい知識も数多くあります。ただ一方で、せっかくもっと美味しく飲めるのに、常識に縛られていてもったいない、と思うこともあります。

一例を上げましょう。

日本酒の大吟醸が〝一番美味しく〟味わえるのは、どんな酒器だと思いますか？お猪口？　コップ？　はたまた枡？

実は、大吟醸を味わうなら、「ワイングラス」が一番なのです。

「そんな邪道な…」なんて思われる方もいらっしゃるかもしれませんが、驚くなかれ、今やプロのきき酒師たちも、品評会ではワイングラスを使っているのです。

なぜなら、それまでの渦巻き模様のお猪口では、色の透明度は分かっても、香りを閉じ込めるには浅すぎて、ふくよかなお米の香りや華やかな吟醸香を持つ新時代の日本酒を楽しむにはちょっと役不足だから。

一方、香りを楽しむワイン文化が生んだワイングラスなら、香りを逃さず、口に含む際にその豊穣な個性を味わうことができる、と気がついたのです。

嘘だと思うなら、ぜひ一度ワイングラスで日本酒を飲んでみてください。そのふくよかな香りに、思わず笑顔がこぼれるはずです。

こうした「新常識」が生まれてきているのは、日本酒の世界だけではありません。ワインの世界でも、ビールの世界でも、焼酎の世界でも生まれてきているのです。

・家庭料理にワインを合わせるには、どうすればいい？
・若い造り手による「個性派」日本酒は、どうすれば美味しく味わえる？
・自分に合うクラフトビールの見つけ方は？

…などなど、こうした今の時代だからこそ生まれる疑問には、今までの常識を頼っても答えは得られません。でも、新しい時代のルールさえ知っていれば、今まで味わったことのないような深くて広いお酒の世界を堪能することができるのです。

今宵の1杯を最高の味に変える飲み方から、自分にとって本当に美味しい1本に出会うための選び方まで――ワイン、日本酒、焼酎、ビールという日本人には欠かせないお酒を楽しむ「新しい時代のルール」をまとめました。

お酒好きのあなたも、これから楽しみたいと考えるあなたも、ぜひどうぞ。
「お酒って、こんなに美味しかったんだ」と驚いてしまうはずですから。

友田晶子

「味わいチャート」で自分好みの1本を探そう!

この本では、「ワイン」「日本酒」「ビール」「焼酎」という4種類のお酒を1章ずつ紹介しており、それぞれの章の頭には、以下の様な味わいを4つに分類したチャートを載せています。自分の好みの味を知る大きな手助けになると思いますので、ぜひ役立ててみてください。

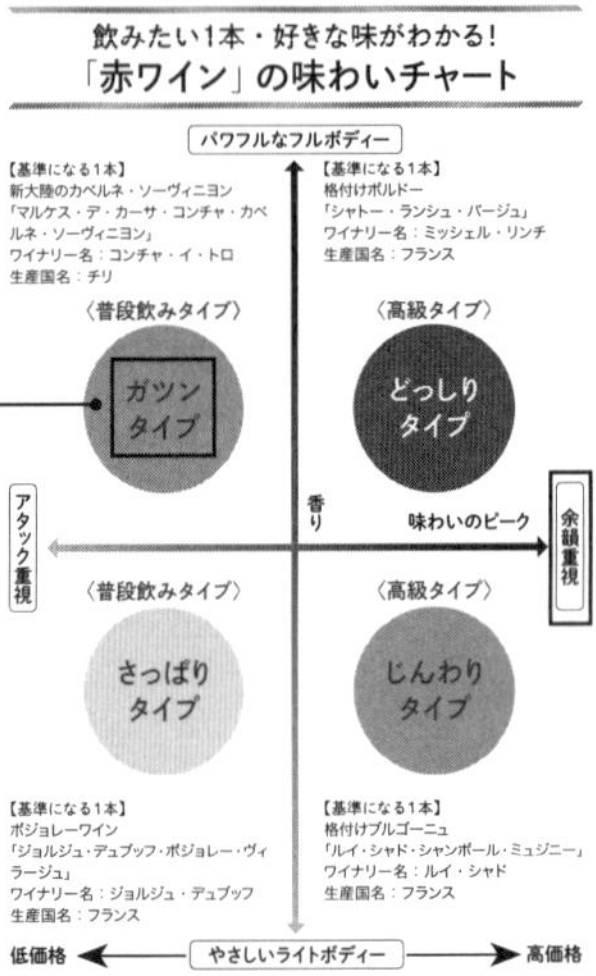

それぞれのタイプの名称は、味の特徴をひとことで言い表したもの。

「香り」や「味わいのピーク」など、それぞれ味わいの基準になる2つの軸で4タイプに分類。

「基準になる1本」に注目!

自分好みの味は、色々なお酒を飲み比べて、何度も味わった先に見つかるもの。これからお酒を本格的に楽しみたいという方には、なかなか険しい道のりかもしれません。

そこで、この本では上記の4タイプごとに、それぞれのタイプの平均的な味わいの銘柄をピックアップしました。つまり、自分好みの味探しの「基準になる1本」というわけです。同じ赤ワインや日本酒といえど、その味わいはさまざま。まずは、4タイプそれぞれの基準になる1本を味わってみましょう。すると、「日本酒の中なら軽やかなタイプ」「赤ワインの中ならさっぱりタイプ」といったように、自分好みの味がぼんやりと見えてくるはずです。

その上で、ぜひ信頼できるお酒屋さんに足を運んでみてください。お酒のプロである店員さんに、「●●●の本醸造酒よりももう少し香りが華やかなものはありますか?」などと、基準になる1本では物足りないと感じたポイントを相談してみましょう。すると、その希望に沿った1本を運んできてくれるでしょう。これを繰り返していけば、「本当に自分が好きな味」に、最も早くたどり着けるはずです!

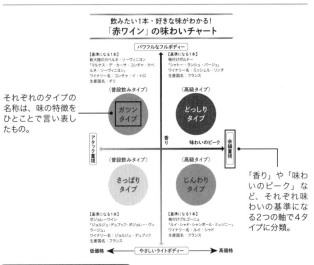

もくじ

第2章 【ワインの新常識】1000円台の「赤」は冷やして飲みなさい

第3章
【日本酒の新常識】
今、美味しい1本は「この4タイプ」から探すべし

第4章 【ビールの新常識】「2杯目」からもウマいが続くクラフト学

第5章 【焼酎の新常識】真の味わいが引き立つ〝流れ〟のつくり方

編集協力：森明美
本文デザイン：青木佐和子
本文イラスト：池田須香子

第1章

最高の1杯に出会うには「新常識」が必要です

知っていますか？　お酒×料理の新定番

お酒と料理の美味しい組み合わせというと、みなさんはどんなコンビネーションを思い浮かべますか？　「ワイン×チーズ」「白ワイン×魚料理」「日本酒×寿司」「日本酒×湯豆腐」「ビール×唐揚げ」「ビール×ソーセージ」「ウイスキー×ナッツ」…などが頭に浮かぶのではないでしょうか。

ワインにはチーズを筆頭にヨーロッパの香りがするもの、日本酒には和食といった具合に、やはりそのお酒が生まれた国の食文化にある食材、料理を無意識に合わせたくなるものです。

もちろん、この考え方は正しい！　お酒と料理の相性を考えるときに、「その土地の料理には、その土地のお酒」というのは間違いのない鉄板の法則です。長い歴史のなか、それぞれの国や地域で、その土地の先人たちがお酒と食を味わうなかで発展してきた結果と考えれば、「その土地の料理には、その土地のお酒」というのはお酒と料理を組み合わせる際の原点といえます。

しかし、いまや各国のお酒が国を超えて広まり、楽しまれています。日本にも、さまざまな国のお酒と食文化が流入してきました。これからは、原則にはあまりしばられず、自由な発想でお酒と料理の好相性を楽しむ時代です。

実際、これまでの常識を超えた名コンビが、数々と発見されています。そんな「意外なお酒と料理のベストマッチ」をいくつかご紹介することから、この本をはじめましょう。様々なお酒を、自由に楽しめる時代が来たことを大いに実感して頂けるはずです。

魚、天ぷら、鍋…日本食に合うワインとは

まずは、ワイン。ワインは日本食に合う、というのはもはや常識ですね。ミシュランの星つき日本料理店でもいまや、ワインをおかない店はありません。

しかし、そうは言っても日本料理にワインを合わせようとするのは、なかなか難しいものです。そこで、合わせ方の一例を紹介しましょう。

和食とワインで相性がいいのはなんといっても「天ぷら」や「唐揚げ」「素揚げ」などの揚げ物。とくにレモン代わりになる白ワインがピッタリの相性です。野菜の天ぷらにはハーブの香り漂うソーヴィニヨン・ブラン、魚介の天ぷらには、少しボディのあるシャル

ドネ、鶏の唐揚げにはちょっぴり渋味のあるピノ・グリなどいかがでしょう。
小気味いい酸味のある白ワインは、レモンのごとく揚げ物の油っぽさを洗い流し、爽やかな後味を残してくれます。

うなぎの蒲焼きとスパイシーな赤ワインもベストカップル。シラーやグルナッシュなどを組み合わせると素敵です。うなぎの脂っこさと、甘辛いたれの味、スパイシーな山椒《さんしょう》が、シラーやグルナッシュにはよく合いますよ。

次に、和食の定番、お寿司。お寿司は魚介を使った料理だから…と白ワインを合わせるのはちょっと早計。白ではなく、熟成した柔らかい味わいの赤ワインをぜひオススメしたい。ピノ・ノワールなんていかがでしょうか。
理由は、「お酒と料理を合わせる4つの黄金ルール」の中の1つ、〝同調／相乗効果〟にあります。この4つのルールについては後ほど詳しくご説明しますが、同じような味わいや香りのあるもの同士を組み合わせると、人間なら誰しも美味しさの相乗効果を感じるのです。

お寿司と赤ワインもこの関係にあります。ほとんどのお寿司にはお醤油が介在していま す。お醤油の風味は意外に強いもの。これにバランスをとるには白ワインより赤ワイン。それもあまり渋味の多くないなめらかで優しい味わいの赤がきれいにマッチします。

また、寒い季節に定番の鍋料理にも、ワインは合います。鍋物には日本酒のお燗、というイメージもありますが、鍋料理は熱いため、時にお燗だと疲れてしまうことがあるのです。我が家で鍋物をするときには、ワインが定番。野菜鍋なら白ワイン、鶏鍋や豚しゃぶには濃いめの白、キムチ鍋にはロゼを合わせます。

では、すき焼きはどうでしょうか。一見、肉料理なので赤ワイン…と考えられがちですが、ちょっと待って。例えば、関西風のすき焼きであれば、お砂糖と日本酒をたっぷり使います。さらに肉の脂身もかなり甘く感じます。この甘い味わいとお醤油の強い味わいが実はワインと合いにくいのです。すき焼きは肉料理ではありますが、赤でもましてや白でもなく、料理に使用している日本酒をお勧めしたいのです。

もし、すき焼きをワインと合わせたい時には、砂糖を控えめにして日本酒の代わりにワインを使ってみてください。ややコクのある白、もしくは渋味の少ない軽めの赤がお勧めです。もちろん一緒に飲むワインはすき焼きに使ったものを。

このように、日本料理とワインの相性はまずまず◎。

ただし、フルーティーなワインとなると、話は少々変わってきます。普段着感覚のフルーティーなワインと出汁や醤油の味わい、砂糖やみりんが基本になる日本料理は、難しいと言えます。想像してみてください。そもそも、フルーティーなジュースと日本料理はあまり合わせませんよね。

黄金ルール1の同調から鑑みれば、出汁や旨味が主軸となる日本料理に合わせるなら、ある程度熟成して味の落ち着いた、なめらかでふくよかなワインが美味しいのです。

ワインよりもチーズに合うお酒がある

ワインのおつまみといえばなんといってもチーズです。

ナチュラルチーズの代表といえばカマンベールでしょう。しかし、このカマンベール、ワインとは合いにくいと言われているのです。驚きですか?

そもそもカマンベールの故郷ノルマンディ地方は寒冷地でブドウができない場所。おのずとワインがありません。また、できるだけカビなどを排除して新鮮なブドウから造られるワインに、カビで熟成させるチーズは合わないという考え方もあります。実際、熟成したカマンベールなどの白カビチーズにワインを合わせるとどこか生臭いような変に渋いような感覚になることがあります。

そこで黄金ルールの1を思い出してください。カビで熟成させるチーズならば、同じカビの仲間である麹《こうじ》で醸《かも》す日本酒や焼酎は間違いなく合うはずです。とくに天然の乳酸菌が生きた生酛造《きもとづく》りや山廃造《やまはいづく》りの日本酒はお酒そのものにクリームやバター、チーズのような風味があります。本物のチーズとは素晴らしい相乗効果、ハーモニーを奏でてくれます。

また、カビのチーズが持つ独特の香りに、甕《かめ》寝かせの本格焼酎や泡盛のミネラル風味が素敵にマッチします。これも風味の同調。どうです、チーズと日本酒、焼酎、とても説得力のある組み合わせではないでしょうか。

カビのチーズ意外にも熟成の長いハードタイプのチーズも日本酒にピッタリ。なぜならば、熟成チーズがもつアミノ酸、そう旨味成分と日本酒が持つ旨味成分がぴったり同調するからです。想像しただけでも美味しそうではありませんか?

日本人はもとより、外国人にも知ってもらいたい新しい組み合わせです。チーズには日本酒&焼酎！　これグローバルスタンダードにしちゃいません？

⁂いつもと気分を変えたいならこのコンビ

お酒とお料理のベストマッチ例をいくつかご紹介しましたが、実は「お酒×スイーツ」カップルも侮れません。

例えば、チョコレート。まずは赤ワインとの相性バツグンなんです。

先ほども触れましたが、ワインと食べ物の組み合わせとして、「同じ風味を持つもの同士は相性がいい」という黄金ルールがあります。さらに、第2章で解説しますが、「同じ色合いの料理とワインは相性がいい」というルールもある。

これらに則ると、特に「甘いチョコレート×甘い赤ワイン」「ビターなチョコレート×ビターな赤ワイン」がベストマッチだとわかります。

一方で「白ワイン×チョコレート」も驚きの好相性！　教科書通りの「濃厚な赤ワイン×甘いチョコレート」の組み合わせは、その濃厚さゆえ、その日のコンディションや気分によってはちょっと重く、疲れてしまう時があるのです。対して、チョコレートに白ワインを合わせると、チョコレートの甘苦さが白ワインのさわやかさを生かし、ワインがとてもジューシーに。上質のチョコレートにフランスのブルゴーニュのシャルドネなどを合わせると、軽やかにハーモニーを奏でてくれます。

日本酒には同じ国で仲良く育った「あんこ」がなかなかの相性です。特に、桜餅と日本酒の大吟醸の組み合わせはオススメ。桜の香りと大吟醸のフルーティーさが、相乗効果で互いの美味しさを、何倍にもふくらませてくれます。お花見の季節などにお試しあれ。

また、栗を使ったスイーツもお酒のパートナーとしては優秀です。

なかでもマロングラッセは、お酒と最も合うスイーツだと断言したいですね。もともと入っているラムやブランデーと合わせるのももちろんバッチリですし、ウイスキーにもいい。琥珀《こはく》色をした蒸留酒なら、とにかくベストマッチといえます。

ソーテルヌなどの貴腐ワインに代表される甘口のデザートワインにも合うし、ちょっと意外なところでは、純米酒のお燗やリッチな味わいの焼酎にもぴったり。そして濃厚な黒ビールや、麦芽の旨味が感じられるビールと合わせても、香ばしさと甘さの相乗効果でかなりイケます。マロングラッセはどんなお酒にも合う、正にお酒の名パートナーです。

和風の伝統的栗スイーツの「栗きんとん」「栗饅頭《まんじゅう》」「栗ぜんざい」も忘れてはいけません。これらの和スイーツに合わせるならば、絶対日本酒。それも純米酒のお燗がイチバン！

栗のナチュラルな甘さとねっとりとした舌ざわりや、栗ならではの食感をぐっと引き立ててくれます。

そのほか、これまた身近な栗スイーツの定番、「天津甘栗」。ファンだという人も、案外多いですよね。カジュアルに食べられる甘栗には、焼酎を合わせてみましょう。なかでもやはり、栗焼酎がオススメ。ほんのり香る焼酎の甘い香りに、香ばしい甘栗の相乗効果は驚くほどわかりやすく楽しいのです。

今まで常識とされてきた「お酒と料理のルール」も、長い歴史のなかで受け継がれてきた先人たちの知恵の結集ですから、踏まえておきたい点が多いのは事実。ですが、本来お酒というのは楽しむために飲むもの。多様な食材や料理と共に、さまざまなお酒を気軽に楽しめるようになった今、これまでとは違う新しい発想で、自由にお酒を堪能していきたいものです。

お酒の〝本当の美味しさ〟をご存知ですか？

お酒を美味しく味わうための新しい飲み方は、ここまでで紹介した以外にもたくさん眠っています。そうした自由な飲み方を楽しめるようになるためにも、まずは「お酒」というものについて少しだけ詳しくなっておきましょう。

若者の「お酒離れ」が指摘されるようになって久しい昨今、お酒を好まない若い人たちから「お酒は不味い」「清涼飲料水のほうがいい」「なぜ、お酒を飲むの？」「酔っぱらいたくない！」との声がよく聞かれます。彼らのそうした率直な感想は、確かにわからないでもない。私自身も、本当に喉が渇いたときには、水をごくごく飲むのが一番美味しいと思います。

実際、「お酒ってどこが美味しいの？」と改めて聞かれると、お酒をこよなく愛している私でも、ちょっと返答に窮してしまいます。

お酒の美味しさ、魅力はどこにあるのでしょうか。

まず、一番にいえるのは、お酒は「アルコールだから」ということ。至極当たり前ですが、アルコールは酔いをもたらしてくれます。そしてその酔いが、心をほぐし、頭をリラックスさせ、たとえば、人との会話を楽しいものにしてくれます。コーヒーを飲んでも出てこない話がお酒だと緩やかに出てきたりするのです。それゆえ、人はお酒に魅力を感じるのです。お酒を語るのに、この前提は絶対に忘れてはならないポイントです。

その上で、ではお酒の美味しさはどこにあるのかと考えると、実は「お酒の不味さ」にこそ、ヒントが隠されています。

例えば、ワイン。飲み慣れていない人からは、白ワインは「すっぱい」、赤ワインは「渋い」といわれます。また、日本酒は「甘ったるい」、焼酎は「くさい」、ビールは「苦い」――。これらの声はすべて、それぞれのお酒の特性を言い表しています。そして、こうしたネガティブな表現は、次のようにも言い換えられます。

白ワインは、生き生きとしたエレガントな酸味がある。

赤ワインは、きめこまやかに練《ね》れた渋味がある。

日本酒は、米由来の甘味と旨味がある。
焼酎は、バラエティのある原料から香る豊かな風味がある。
ビールは、引き締まった苦味とキレのある後味がある。
——だから、美味しいのだと。

そう、お酒にはそれぞれ個性があり、その一見〝不味い〟個性こそが、そのお酒本来の美味しさに大きく関わってくるのです。強い個性というのは「クセ」であり、慣れていないとどうしても「不味い」と感じてしまうもの。しかし、強烈に個性がある飲み物というのは、裏を返すと「とんでもなく魅力のある飲み物」となり得ます。何度か飲んでいくなかで、その渋さ、苦さ、臭さの意味とその味わい方がつかめるようになり、「美味しい!」と感じるようになるのです。

お酒を口にして、「不味い」と違和感を覚えるのは、飲み慣れない人にとってはある意味、自然なこと。それを何度か〝レッスン〟を重ねることで、その不味さこそが実は美味しさなのだ、という事実に気づくはずです。

「自分好みの味」は必ず見つかる

とはいえ、アルコールが体質的に合わない人も多いですし、味覚面でどうしてもなじめない、という人もいるはずです。お酒には素晴らしい魅力があるのは間違いありませんが、一方で舌に合わない飲み物を、顔をしかめながら無理をして飲む必要はありません。何度も試してみて、それでもどうにもなじめないのなら、そのお酒には見切りをつけましょう。

ただし、私が声を大にして言いたいのは、1種類のお酒を飲んで味が合わなかったからといって、そのお酒すべてを「嫌い」と判断するのはやめてほしい！

そういう人、意外と多いのではないでしょうか。

〝銘酒〟と名高い日本酒を口にしたが、どうにもなじめない。それで「日本酒はどうも受け付けない」と、すべての日本酒にNGをつきつけてしまう。これは、とても残念なことです。

前述したように「何度かレッスンを重ねないと、その真価に気づくことができない」からといった理由も上げられますが、そもそもひと口に〝ワイン〟〝日本酒〟〝焼酎〟といっても、実は味のバリエーションは大きく分かれるのです。

渋く重い口当たりのワインもあれば、軽やかでフルーティーなワインもある。甘く濃厚な日本酒もあれば、すっきりみずみずしい日本酒もある。癖のない芋焼酎もあれば、ぐっと骨太の米焼酎もあるのです。

どんなお酒も、それぞれの銘柄によって味わいは大きく異なります。ある1つの銘柄だけを飲んでそのお酒自体を嫌いになってしまうのはもったいない！　結論を出すのは、それぞれのタイプをひと通り味わってからでも遅くはありません。「これなら好きになれる」という銘柄が、きっと見つかるはずですから。

プロから見た〝美味しくない〟お酒とは

前項でお酒の美味しさについて語りましたが、では、反対に「不味いお酒」というのは、どういうものを指すのでしょうか。

不味いお酒には、次の2つがあります。

1 自分の好みじゃないお酒

2 悪くなってしまったお酒

まず1ですが、味の好みというのは人それぞれです。ある人にとって「美味しい」と思うお酒も、別の人には「不味い」と感じることがあります。つまり、その人の「味覚に合わないお酒」ということで、これは本当の意味での「不味いお酒」とはいえませんね。

そして2の「悪くなってしまったお酒」。主に製造段階や流通上での事故、保存状態の悪さが原因で、味が悪くなってしまったものです。

例えば、ワインでよくあるのが、コルクの中にカビが生え、ワインがカビ臭くなってしまう、というもの。実に、100本中5~10本程度はある、といわれています。

また、ワインを保存する際、太陽に当たってしまったことで〝熱劣化〟し、フレッシュさが失われ腰のない味わいになってしまうこともあります。

日本酒、とくに生酒は、常温に放置すると雑菌が繁殖したり、再発酵したりします。「老香《ひねか》」と呼ばれる腐ったような、雑巾のような臭いがついてしまうこともあります。

こうしたトラブルが原因でお酒が悪くなってしまうことは、意外なほどあります。悪くなったお酒は、ひと口飲んだだけでも「なんだか、美味しくない」と感じたり、ひどいものになると、苦味や臭みが強くて一口も飲めなかったりするので、誰でもすぐにわかるはず。これは「不味いお酒」と言っていいでしょう。

「安酒」にあって、「高級酒」に無いもの

しかし、「好みじゃないお酒」「品質が悪くなったお酒」以外で、「不味いお酒」というものは実はありません。

一般に、安いお酒＝不味いお酒などと考えられがちですが、これも大間違いです。確かにお酒の味と値段はある程度比例するのも事実ですが、だからといって「安酒＝飲む価値のない不味いお酒」ではない。それぞれのお酒に合った飲み方をすれば、安いお酒にもそのお酒なりの「楽しみ方」「生きる道」がある、というのが私の考え方です。

ジュースのような安価なワインなら、うんと冷やしてロックで飲むとか、あるいはホットワインにしてじんわりとした甘さを楽しめばいい。経済酒と言われるパック酒だって、レモンを搾ったり、ソーダで割ったりしてカクテルにすると、オツなものですよ。大パックケージ焼酎も、さまざまな割り材で自分好みに仕立てカジュアルに楽しむ魅力を持ってい

ます。

不味いお酒は無い、というのは、言い換えると、どのお酒にも必ず「これは！」という美味しくて楽しい飲み方がある、ということ。お酒の味や特性を知り、フリースタイルで柔軟に楽しもうとすれば、どんなお酒も必ず美味しく飲めるのです。

たまに〝ツウ〟を自称するお酒飲みのなかに、「そんな不味い安酒を飲んでるなんて、おまえはお酒の味がわかってないなー」などとしたり顔で語る輩《やから》を見かけますが、そんな発言をする時点で、あなたのほうこそお酒の持つ本当の魅力がわかっていないと言いたくなります。

ロマネ・コンティを9割の人が不味いと感じるワケ

世界最高峰の赤ワインといわれる「ロマネ・コンティ」。良作のヴィンテージや古酒となると1本数百万円に上ることもある、世界最高レベルの赤ワインです。ワインの銘柄は詳しくないけど、コレだけは耳にしたことがある人も多いのではないでしょうか。

ワイン好きなら誰しも一度は飲んでみたい、といわれる名高いロマネ・コンティですが、

「そんなに美味しいものなの?」と聞かれることがよくあります。

この質問の答えは、かなり難しい。

私は運よく何度か飲んだことがあります。その経験からこの質問に回答するなら、「美味しくないかも…」です。

まず、ワインを飲み慣れていない人がいきなりロマネ・コンティを飲んだら、おそらく「渋い」「酸っぱい!」「なんか臭い…」と、顔をしかめるでしょう。金額を思い起こすと「この味、ありえない」となってしまうかもしれません。

しかし、ある程度飲み慣れた、たとえばワイン中級者の方が飲むと、逆に、今度は「これは、どういうことなのだろう?」と、頭の中に「?」マークが乱舞するはずです。

高級赤ワインといえば、色が濃く、香りが強く、果実味が豊富で酸味も豊かで渋味が十分にあって、とにかく濃厚なもの。しかし、このロマネ・コンティは、色が非常に淡く、フルーティーというより土のような香りでどことなく臭い感じもするし、なにより濃厚さがなく、味も一見淡くパンチがないように感じます。つまり、「高級な赤ワイン」のセオリーからは外れた味なのです。

しかし、ロマネ・コンティの魅力は、実は、この淡さにあります。もちろん、ただ淡いだけではなく深い。香りも味も実に奥深い。そして何より長く魅惑的な余韻。最初のインパクトは優しいけれど最後に残る深く官能的な余韻こそロマネ・コンティの魅力なのです。

この特徴は、ある程度ワインを飲み続けた人にしかわかりません。しかし、ワインを飲み続ける、特に高級ワインを飲み続けることなどできるのはほんの一部の人のみ。つまり、多くの人にとっては、この特徴を理解するのが難しいワインということになってしまうのです。

お酒の味が〝わかってくる〟3つの段階

ロマネ・コンティの例からもわかるように、そのお酒本来の美味しさを最大限味わうには、一定の段階を踏んでいなくてはいけません。ある種の〝美味しく飲む順番〟というものがあるということです。

先ほど、「最初にお酒を飲んだ時に感じる〝不味さ〟こそが、実はそのお酒本来の個性であり本当の〝美味しさ〟である」と書きました。まだお酒に飲み慣れていない人の多くは、飲みやすいフルーティーなタイプ、いわばそのお酒本来の個性がさほど強くないタイプを好むはずです。その後、次第にそれでは物足りなくなり、濃い味わいのもの、つまりそのお酒の個性が強く打ち出たタイプに進んでいく。その時々の段階で「なるほど、これは美味しい！」と感じながら、徐々にそのお酒が持つ本来の魅力と意味がわかるようになっていくというわけです。

しかし、お酒が本当に好きで魅力を知り尽くしている人は、「味の濃いお酒」まで進んだら、その次のステージとして、「淡いお酒」へと舞い戻る。そう、ロマネ・コンティの味の意味がわかるようになるのと同じ理屈です。インパクトのある味や濃い味の魅力を味わったのちに、最後は再び淡い味わいのお酒に戻り、その淡さの奥にある豊かな底力を楽しむ。そうした楽しみ方ができるようになるわけですね。

一例を挙げると、ワインでは、濃厚なボルドーのその先に、淡くて深いブルゴーニュが、日本酒なら、フルーティーな大吟醸無ろ過生原酒の冷酒の先に、昔ながらの「生酛造」や「山廃」の純米酒のヌル燗といったバランスがよく飽きのこないタイプに、といったところでしょうか。

つまり、淡くて深い味わいでありながら、飽きずにずっと飲み続けられる、そのお酒ならではの底力が感じられるものが、いわば〝ツウの到達点〟となるわけです。

お酒初心者さんから、頼もしい大酒飲みさんまで、読者のみなさんは今、果たしてどの段階を楽しんでいらっしゃいますか？

酒×食は「美味しい飲み順」でここまで変わる

ここまで、お酒を美味しく味わうための順番を紹介してきましたが、1回の食事の中でお酒をより美味しく飲むための「美味しい順序」というものも存在します。

それは「アルコール度数の低いものから高いものへ」「味の軽いものから重いものへ」「酸味のあるものから甘いものへ」という順序。簡単ですね。

どんなお酒でも、まずは喉の渇きをうるおすような、爽やかでみずみずしいタイプのお酒から始め、少しずつ重く濃いタイプ、個性の強いタイプのお酒へと進めていくのが味覚の面で理に適っているのです。

例えばワインの場合、最初は、爽やかなスパークリングや、甘酸っぱくジューシーな白ワインで喉の渇きを潤し、次に食事に合わせてドライな白ワインへ。その後、ほどよく軽く飲みやすい赤に進み、最後は濃厚で重い赤ワインを楽しむ。余裕があれば、最後に甘口のワインや蒸留酒で締める。こんな順序で飲んでいくと、さまざまなタイプのワインやお酒をいっそう美味しく楽しく味わえるはずです。

日本酒の例では、最近人気のスパークリング清酒や、吟醸、大吟醸などフルーティーなタイプの冷酒からはじまり、次に純米系の落ち着いた味わいを常温で味わいます。そして、生酛、山廃など飲み応えのあるタイプのぬる燗に移り、最後は個性派の熟成酒をオンザロックで…など軽快なものからだんだんと濃厚タイプに移行したり、飲み方を変えたりしてみるのもいいのではないでしょうか。

焼酎なら、フルーティーなタイプをソーダ割りにしてハイボールではじめ、軽快なタイプをオンザロックで。コクのあるタイプはお湯割りか前日割りのお燗で。最後はまるでウイスキーのようなキャラクターのはっきりした樽熟タイプをストレートで。

もちろん、これらはあくまでも提案の一例に過ぎません。

ワインを飲むなら必ずスパークリングから始めて濃厚な赤か甘口ワインで締めろ、焼酎の最後は樽熟でなくてはならないと言っているわけではありません。前述のお勧め順序のルールを踏まえつつ、あとは自分の好みに合った銘柄やお酒の種類を自由にアレンジしてみてくださいね。

お酒も料理も更に美味しく！「合わせ方」の極意

カジュアルな焼酎から神々しい高級ワインまで、お酒はそれぞれに異なる魅力があり、お酒それ自体が美味しいものですが、「食べ物の美味しさに気づかせてくれる」という実力も持っています。お料理にぴったりのお酒を合わせることで、その美味しさが何倍、何十倍にもふくらみます。

しかし、日本ではつい最近まで、お酒と料理の組み合わせについてはどこか無頓着でした。日本酒にしても焼酎にしても、「この料理にはこのお酒を合わせよう」という概念がなかった。お酒と食が結びついていなかったのです。

一方、欧米などでは、料理に合わせてお酒をチョイスする〝食中酒〟の文化が、昔から根づいています。それなのに、なぜ日本では〝食中酒〟の概念が生まれなかったのか。

これには、いくつかの原因が考えられます。

例えば、さまざまな料理がずらりと食卓に並ぶ家庭料理や、ほんの少量ずつたくさんの料理が次々と登場する懐石料理といった日本ならではの食形態が、そのひとつ。1つの料理をある程度の量しっかり食べる欧米の食形態では、「前菜の牡蠣にはシャンパンを」「鶏肉のワイン煮込みにはブルゴーニュの赤を」などと1つの皿に1つのワインを合わせやすいのです。細かくたくさんの料理を楽しむ和の食スタイルに、あれこれ違うお酒を合わせるのはどうにも無理があります。

また、日本人がこれまで、「お酒の楽しみ＝酔っぱらうこと」と位置づけていた点も大きいでしょう。料理はあくまでお酒のアテ。お酒の邪魔をしないものであれば、もしくは、お酒を美味しくしてくれるものであればなんでもよかったのです。また、逆に料理を主にするときには、いわゆる水の如《ごと》し癖のない口を洗い流してくれるようなお酒が求められました。

しかし最近では、ワイン文化が浸透してきたおかげで「お酒×料理」の概念も大きく様変わりました。「料理とワインの妙を味わう」といった〝食中酒〟の発想が日本酒にも焼酎にも取り入れられてきたのです。これは何とも楽しいことです。「酒には塩があれば十分！」「とにかく飲めればアテは何でもいい」「酔えればいい」という考え方から、一歩も二歩も進んだように思えます。

ここ数年は「美味しい料理とそれに合うお酒を楽しむ」という光景が、ワインはもとより日本酒、焼酎、ビールやウイスキーでもすっかり定着してきました。

また、日本は和食以外にも、実にさまざまな料理を日常的に楽しめますし、世界中の多彩なお酒を気軽に味わえる、世界でもまれなお国柄です。つまり、今の時代に日本という国でお酒を飲めるということは、お酒好きの食いしん坊にとっては、この上ない幸福なのです！

今後はよりいっそう、「料理×お酒」の組み合わせの妙を、多くの人が日常的に楽しむようになるはずです。そのためにも、ぜひ知っておいてほしい「料理とお酒の好相性」のルールを、お酒基礎講座の締めとしてお教えしましょう。

料理とお酒を合わせるための4つの「黄金ルール」

料理とお酒の好相性として押さえておきたい基本的な考え方は、次の4つです。

1　同調／相乗効果／ハーモニー
2　第3の味が生まれるマリアージュ
3　料理が美味しくなる

4 お酒が美味しくなる

1の考え方は、料理とお酒に同じような香りや味わい、同じような後味や食感のあるモノ同士を組み合わせると、味覚生理的に誰もが美味しく感じられるというもの。

例えば、「ハーブの香りのある白ワイン×ハーブを多用した魚料理」「甘い香りただようコニャック×チョコレート」「スモーキーな黒ビール×スモークチーズ」といった具合です。

また、軽い料理には軽いお酒を、重い料理には重いお酒を、酸味のある料理には酸味のあるお酒を、甘い料理には甘いお酒を、といった調子で、料理とお酒のバランスを合わせることでも、美味しさの相乗効果を期待することができます。

2は、食いしん坊にはたまらない組み合わせです。まったく違う味わいや香りなのに、重なり合うことでまた別の美味しさ、第3の味わいが生まれる、というものです。正に「マリアージュ（結婚）」！

例えば、「天然極甘口ワインの貴腐ワイン×フォアグラのテリーヌ」「熟成したポートワイン×ピリリと刺激のあるブルーチーズ」などですね。また、お酒ではありませんが、完熟メロンと、塩分と旨味のある熟成生ハムを一緒に食べるあの美味しさも、マリアージュのひとつ。

以上の2つは、実はワイン文化の概念です。

日本酒と和食の世界ではこれまで、お酒と食のハーモニーやマリアージュといった考え方は存在しませんでした。代わりに、3と4の組み合わせの妙を楽しんでいました。

3は、料理が美味しくなる組み合わせです。

特に軽快なタイプのお酒は、料理の繊細な味わいの邪魔をせず、美味しさを引き立てます。そして、口の中を洗い流し、次の料理へとスムーズに促してくれる。和食や寿司と日本酒の組み合わせは、この考え方が基本になっています。

4は、お酒が美味しくなる組み合わせ。

昔のツウの飲み方は、塩や味噌をなめながら、お酒そのものの美味しさを堪能するというものでした。これは今でも、塩辛やカラスミ、塩うになど、旨味と塩分がギュッと凝縮された珍味類をなめながら日本酒を飲むと、日本酒本来の味をピュアに楽しめる、として愛されている飲み方といえます。

日本人は料理とお酒の相性ではなく、酔うことを目的にお酒を飲んできた民族です。例えば、茶懐石の風習。これは、ずらりと並ぶ〝アテ〟でお酒自体を堪能するシステムで、飲んだあとに食事（ご飯）、お菓子とお茶を頂く形式になっています。

ソムリエの田崎真也氏が以前、「和食はずっとアミューズブーシュ（フランス料理でいうところの、食前の軽いおつまみ）が続く料理」だと語っていました。日本における料理の位置づけは、お酒を美味しくするものであったり、あるいは日本酒は料理を洗い流す〝水の如し〟の飲みものであったりしたわけです。

しかし、これまでの「料理のじゃまをしないお酒」「お酒の味を引き立てるアテ」という考え方だけでなく、ワイン文化をはじめとする新しい考え方を取り入れ、お互いの美味しさが何倍にもふくれあがるような、そんな組み合わせを自由に試すことで、お酒を飲む楽しみもよりいっそう広がるはずと信じています。

第2章

【ワインの新常識】

1000円台の「赤」は冷やして飲みなさい

＼＼ 3分でわかる！ //

最高の1杯に出会うための「ワイン」入門

「ラベル」の読み方でマスター ワインのいろは

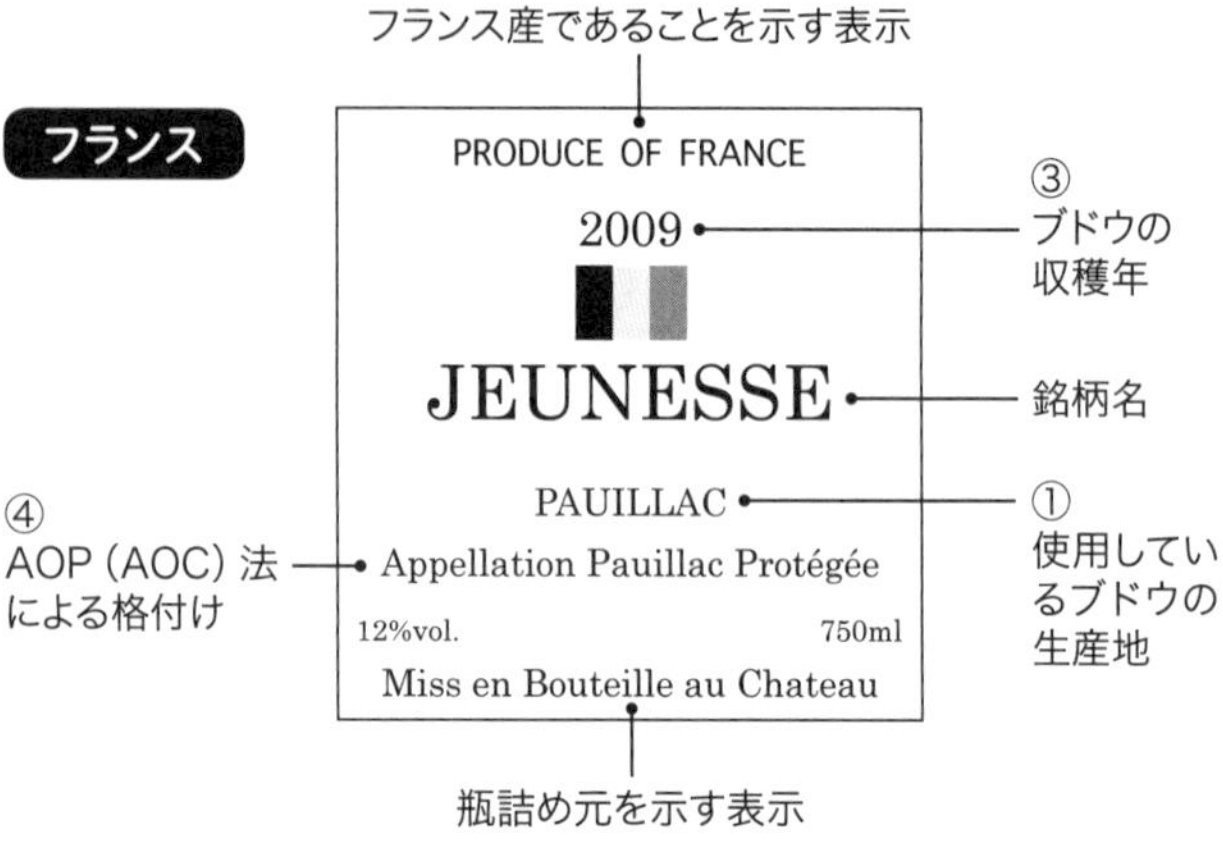

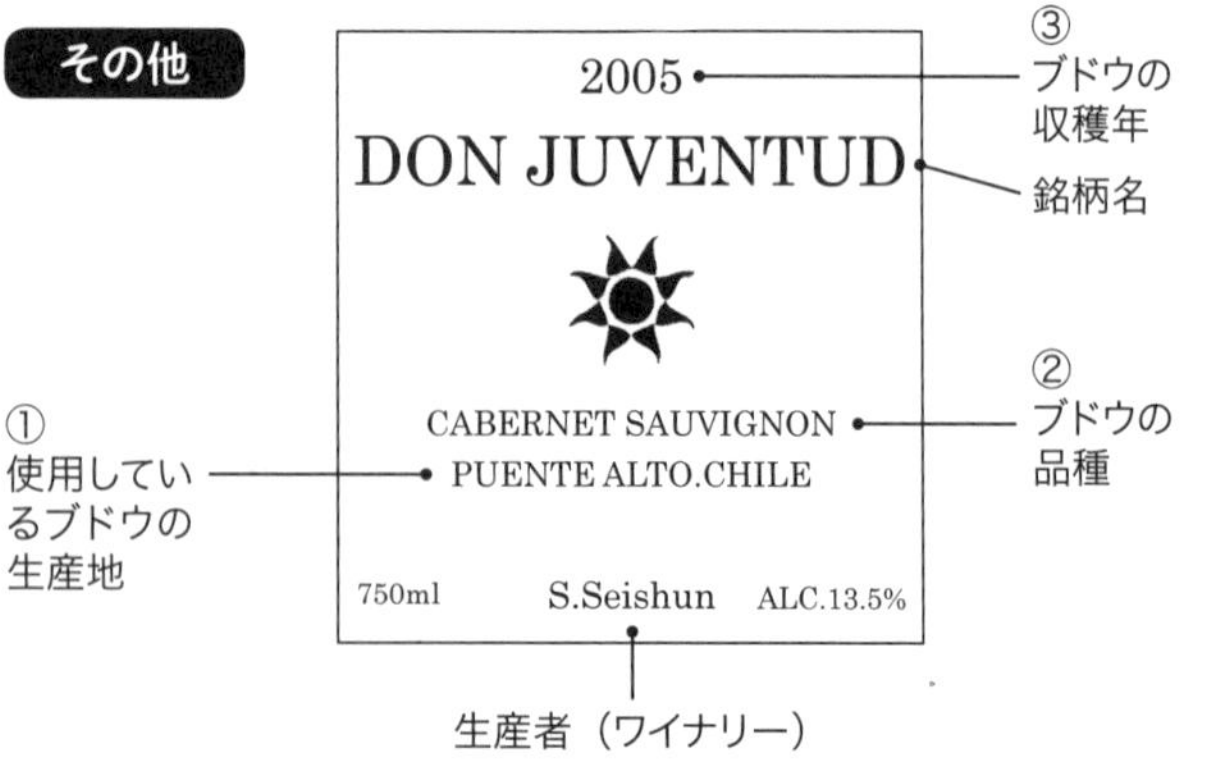

①「ブドウの生産地」からワインの性格を知る

農作物であるブドウから造られるワインは、生産地の気候や栽培方法により、その土地ならではの個性が強く出てくるお酒。大雑把に言えば、フランスやドイツといった寒冷な〝伝統国〟では渋味が少なく酸っぱいブドウが、アメリカや南米、オーストラリアといった暖かい〝新大陸〟では渋味が多く甘いブドウができると言われ、その味がワインにも現れてくる。

②「ブドウの品種」で味わいは予測できる

世界にワインは星の数ほどあれど、原料のブドウは数がある程度限られている。その代表的な品種の味わいを覚えておけば、ワイン選びがずっと簡単に。以下、人気品種をご紹介。

【赤ワイン用人気品種 3】

◎カベルネ・ソーヴィニヨン（原産 ボルドー）

色が濃く、渋味の多いワインになる。チリで造られるものは、気候の違いから果実味が豊富な明るいタッチのワインになる。

◎ピノ・ノワール（原産 ブルゴーニュ）

色は明るく、渋味は少ないが酸味のあるワインになる。カリフォルニアで造られるものは、果実味が多く、味の穏やかな凝縮感のあるワインになる。

◎シラー（原産 南フランス）

渋味・酸味の多いワインになる。コショウのようなスパイシーな風味も特徴。オーストラリアで造られるものは、より甘味が強い。「シラーズ」と呼ばれる。

【白ワイン用人気品種 3】

◎シャルドネ（原産 ブルゴーニュ）

辛口白ワインを生み出す品種。シャープな酸味が人気のシャブリもこの品種から造られる。カリフォルニアで造られるものは甘味が強い。

◎ソーヴィニヨン・ブラン（原産 ボルドー）

爽快な酸味とハーブを思わせる爽やかさが特徴。新大陸ではアメリカやニュージーランドでもよく使われる。

◎リースリング（原産 ドイツ）
たっぷりの酸味とフルーティーさが魅力。アルザスで造られるものはより辛口に、オーストラリアで造られるものは甘酸っぱく仕上がる。

＊ちなみに、フランスワインは「この地方のワインはシャルドネ」といったように、産地ごとの品種がほぼ決まっているのでわざわざラベルに品種を記載しないことが多い

③「ヴィンテージ（収穫年）」って結局何?

ヴィンテージとは原料となるブドウが収穫された年のこと。ブドウの質はその年の天候によって出来が大きく変わるので、「良い年」「悪い年」が出てくる。良い年のブドウから造られるワインは、味のバランスもボリュームも素晴らしいものに。年の良し悪しは「ヴィンテージチャート」というものにまとめられている。

④ 普段飲みワインとも関係する「フランスの格付け」

フランスワインのラベルを見ると「Appellation ●●● Contrôlée」や「Appellation ●●● Protégée」という表記があることに気づく。フランスでは、厳しい伝統的な条件を満たした確かな造りから生まれたワインのみ原産地を名乗ることが許されていて、許されたワインのみが先ほどの表示をラベルに載せられるのだ。

「●●●」に入る部分が原産地で、この範囲が狭くなればなるほど、格が高い。つまり、地方名の「ボルドー」よりも地区名の「オー・メドック」の方が、そして村名の「ポイヤック」の方が格が高いということ。といっても地方名が一番下なわけではなく、その下には「vin de table（テーブルワイン）」といった格も存在する。

「Contrôlée」と「Protégée」の違いは、適用されている法律の違いで、2008年までに収穫されたブドウを使ったワインは「C～」の表記（「AOC法」）、法の改正があった2009年以降は「P～」の表記（「AOP法」）で表されている。

＊本書で取り上げている「格付けワイン」は地方名以上を名乗ることが許されたワインを指す

飲みたい1本・好きな味がわかる!
「赤ワイン」の味わいチャート

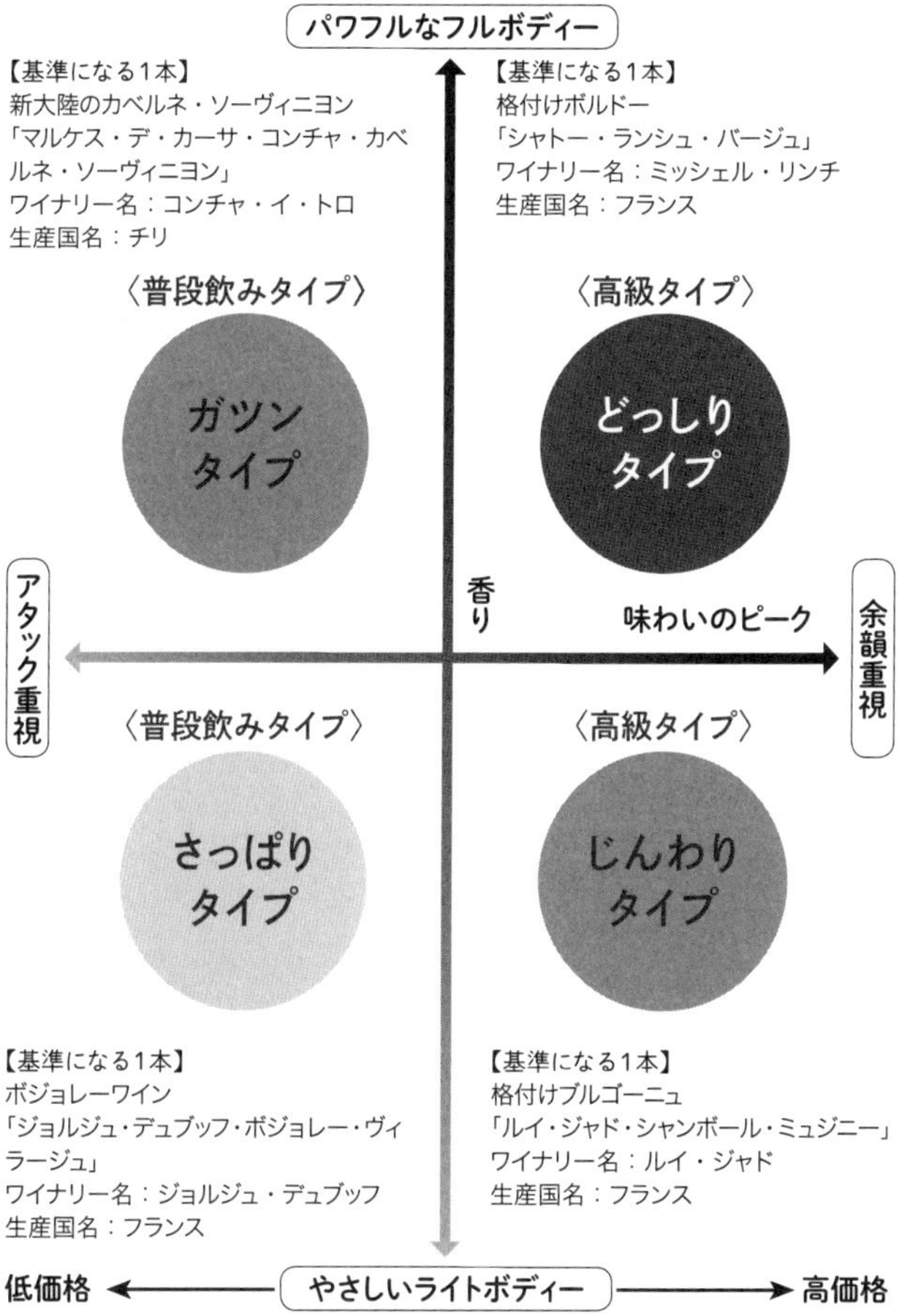
パワフルなフルボディー
【基準になる1本】
新大陸のカベルネ・ソーヴィニヨン
「マルケス・デ・カーサ・コンチャ・カベルネ・ソーヴィニヨン」
ワイナリー名：コンチャ・イ・トロ
生産国名：チリ
【基準になる1本】
格付けボルドー
「シャトー・ランシュ・バージュ」
ワイナリー名：ミッシェル・リンチ
生産国名：フランス
〈普段飲みタイプ〉
ガツンタイプ
〈高級タイプ〉
どっしりタイプ
アタック重視
香り
味わいのピーク
余韻重視
〈普段飲みタイプ〉
さっぱりタイプ
〈高級タイプ〉
じんわりタイプ
【基準になる1本】
ボジョレーワイン
「ジョルジュ・デュブッフ・ボジョレー・ヴィラージュ」
ワイナリー名：ジョルジュ・デュブッフ
生産国名：フランス
【基準になる1本】
格付けブルゴーニュ
「ルイ・ジャド・シャンボール・ミュジニー」
ワイナリー名：ルイ・ジャド
生産国名：フランス
低価格
やさしいライトボディー
高価格

飲みたい1本・好きな味がわかる!
「白ワイン」の味わいチャート

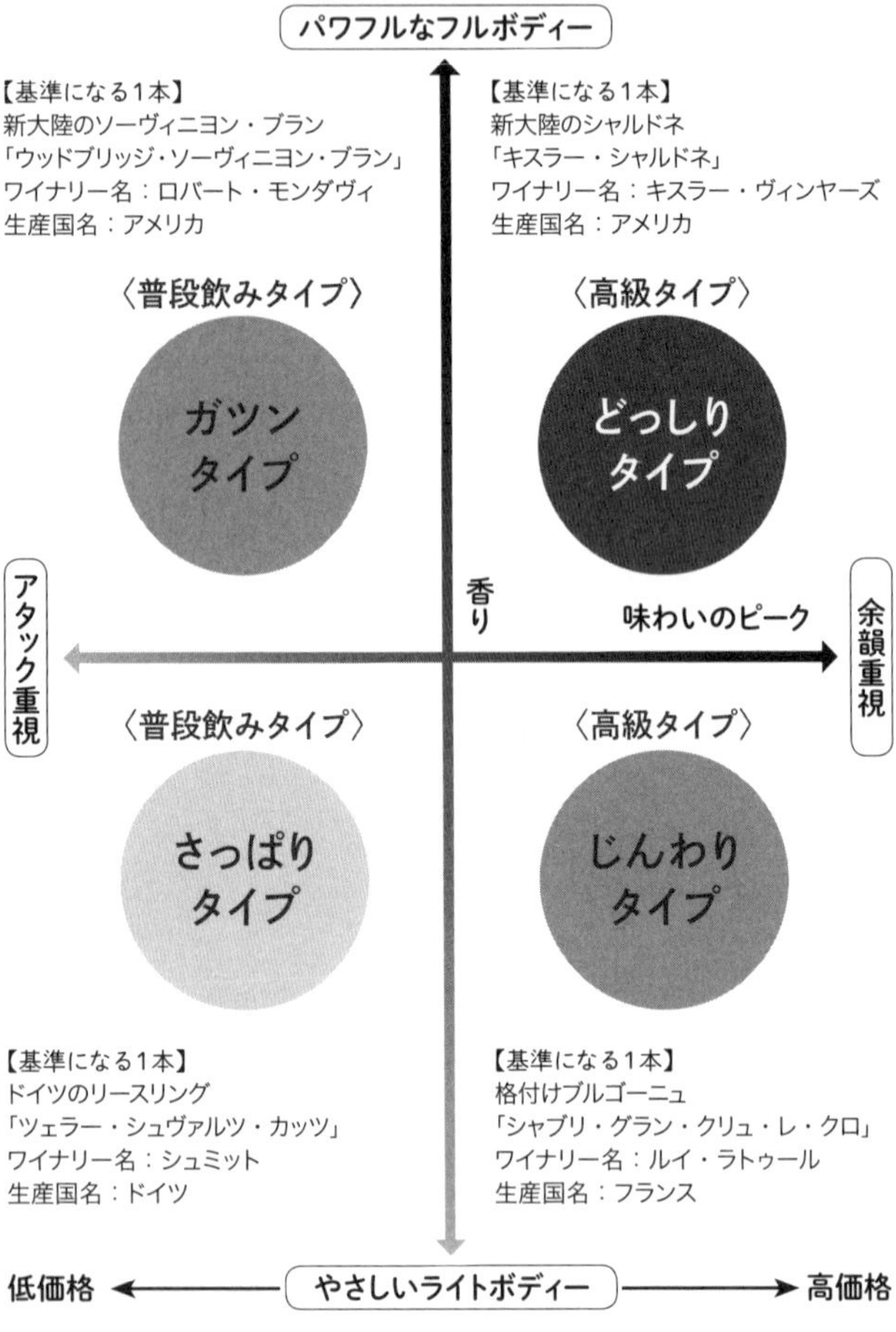
パワフルなフルボディー
【基準になる1本】
新大陸のソーヴィニヨン・ブラン
「ウッドブリッジ・ソーヴィニヨン・ブラン」
ワイナリー名：ロバート・モンダヴィ
生産国名：アメリカ
【基準になる1本】
新大陸のシャルドネ
「キスラー・シャルドネ」
ワイナリー名：キスラー・ヴィンヤーズ
生産国名：アメリカ
〈普段飲みタイプ〉
ガツンタイプ
〈高級タイプ〉
どっしりタイプ
アタック重視
香り
味わいのピーク
余韻重視
〈普段飲みタイプ〉
さっぱりタイプ
〈高級タイプ〉
じんわりタイプ
【基準になる1本】
ドイツのリースリング
「ツェラー・シュヴァルツ・カッツ」
ワイナリー名：シュミット
生産国名：ドイツ
【基準になる1本】
格付けブルゴーニュ
「シャブリ・グラン・クリュ・レ・クロ」
ワイナリー名：ルイ・ラトゥール
生産国名：フランス
低価格
やさしいライトボディー
高価格

①「ガツン」タイプ

果実味（甘味）や酸味、タンニンの渋味が強くパワフルな味わいのワイン。口に含んだ瞬間の第一印象＝アタックも強いので、飲んだ瞬間にガツンとくる。比較的価格が安い。

◎「ガツン」タイプの主な赤ワイン 新大陸のシラーズ品種（「イエローテイル・シラーズ」他）、新大陸のメルロー品種など **◎「ガツン」タイプの主な白ワイン** ヴィオニエ品種など、樽熟したシャルドネ（特に新大陸）

②「さっぱり」タイプ

口に含んだ瞬間のアタックは強いものの、果実味や酸味といった味わいはやさしいので、さらさら楽しめるさっぱりしたワイン。比較的価格が安い。

◎「さっぱり」タイプの主な赤ワイン マスカット・ベーリーＡ品種、「ボジョレー・ヌーヴォー」など **◎「さっぱり」タイプの主な白ワイン** リースリング品種、ミュスカデ品種、甲州品種など

③「じんわり」タイプ

果実味や酸味といった味わいがやさしいライトボディ・タイプのワイン。口に含んだ瞬間のアタックこそ弱いものの、余韻が長く残るので、淡い味わいが口の中にじんわり広がる。高級ワインが多い。

◎「じんわり」タイプの主な赤ワイン 新大陸のピノ・ノワール品種、「ロマネ・コンティ」など **◎「じんわり」タイプの主な白ワイン** ロワール地方のシュナン・ブラン品種（「ヴーヴレー・マルク・ブレディフ」他）、「ムルソー」、「ピュリニィ・モンラッシェ」など

④「どっしり」タイプ

果実味や酸味といった味わいがパワフルなフルボディ・タイプのワイン。余韻が長いタイプなので、口の中でどっしりした味わいをじっくり楽しめる。高級ワインが多い。

◎「どっしり」タイプの主な赤ワイン リベラ・デル・ドゥエロ地方のワイン、コート・デュ・ローヌ地方のワインなど **◎「どっしり」タイプの主な白ワイン** 「サンライズ・シャルドネ」、グラーブ地区の樽熟白ワインなど

今や日本はワイン黄金期！

「ワインがこんなに楽しい時代はない！」

お酒の仕事をしているものとして、これだけは断言できます。

〝本場〟のワインが日本に入ってきて約半世紀。

フランス料理やイタリア料理と楽しむのはもちろん、最近では世界文化遺産となった和食でさえもワインと楽しむことが増えてきました。また、高級店だけではなく、カジュアルなレストランや居酒屋でもメニューを見ればワインの文字を見つけられます。

お店だけでなく、自宅で楽しむ機会もグッと増えてきました。お酒屋さんや百貨店のワインの品揃えは目を見張るものがありますし、スーパーやコンビニエンスストア、ドラッグストアにまでもワインが並ぶようになり、なかにはワンコインで買えるフルボトルワインも登場しています。

今や、特別なお店でゴージャスにシャンパーニュで乾杯することもあれば、家族の食卓で家庭料理とともに、または友人たちと居酒屋でワイワイ楽しむことだってできるのです。

半世紀前に誰がこの情景を想像したでしょう。

最近「普段飲みワイン」が美味しいワケ

さて、これほどまでに日本に根付いたワインですが、なぜ本格ワインだけでなく、毎日気軽に飲めるような〝普段着感覚〟のワインまでもがここまで定着してきたのでしょうか。

日本人の舌がワインのことを〝わかってきた〟ことも大きな理由なのですが、造り手たちの努力なしにここまでの発展はありえなかったでしょう。

第一に、世界のワイン地図が塗り替えられつつあることが挙げられます。フランスやイタリア、ドイツ、スペインなどの伝統国のほか、「ワイン新大陸」と呼ばれるアメリカ、オーストラリア、チリなどが良質で買いやすい価格帯のワインや伝統国に負けないブランドワインをたくさん造りはじめたのです。彼らのおかげで、味も価格もバラエティが格段に広がりました。

また日本産ワインも変化がありました。本場のワインの味を知った飲み手に満足してもらえるワイン造りをめざし、若い造り手たちが、伝統国の文化と新大陸の技術を現地で学んで日本に持ち帰り、あらたなワイン造りを始めたのです。日本の気候風土で育ち日本の食文化と結びついた日本産ワインは、いまや外国に輸出するまでになっています。

世界中から多種多様な味わいを輸入するだけでなく、自国でも〝ならではの味〟を造り出しつつある日本。これほど豊富な味わいのワインを、これほど簡単に楽しめるのはもしかしたら日本だけかもしれません。

日本のワインシーンは、これからもますます変化を遂げるでしょう。それをたっぷり享受するならば、時代に沿った新しい楽しみ方を知っておくことが重要なのです。

伝統国と新大陸、今飲むならどっち？

ワインが身近になり気軽に飲めるようになったのは、手ごろな価格のワインが多くなったおかげです。カジュアルワインの代表といえば、なんといってもチリ。さらには、カリフォルニア、オーストラリアのビッグメーカーのワインたち。つまり新大陸ワインの活躍にあると言えます。

しかし、もともとワインといえば、フランス、イタリア、ドイツ、スペインといった数千年前からブドウ造り、ワイン造りを連綿と行っている「伝統国」のお酒でした。

やはり、新興国よりも伝統国の方が「美味しい」のでしょうか。

一概に、そうとは言い切れません。味わう人の好みや気分によっても、どちらに軍配が上がるかは変わってくるでしょう。

それでは「伝統国」「新大陸」の味わいはどう違うのでしょうか。

ヒントは地図。それぞれの国の場所を思い浮かべれば、その味わいがおのずと見えてきます。

まず、新大陸。

カリフォルニアやメキシコなどでさんさんと降り注ぐ太陽に育まれたブドウはたっぷりとした甘味を蓄え、それらからできるワインは、色が濃く、果実味が豊富で、酸味が少なく、渋味があり、アルコールも高いものになります。

つまり、全体にボリュームのある豊満なワインになるのです。

この底抜けに明るく、はち切れんばかりの果実の味わいは、ジュースに近いブドウ酒を飲み慣れていた日本人の舌にもなじみ、酸味が少なく甘い味わいは飲みやすさにもつながりました。そのうえ比較的安い価格帯なので、新大陸のワインは親しみやすいと思われたのです。

では歴史ある伝統国はどうか。

フランスやイタリア、ドイツなどはいわゆる地中海性気候と呼ばれる、年間を通して比較的温暖で、昼夜の寒暖差があり、降雨量の少ない乾燥した土地がら。

ひとくくりにするのは難しいですが、伝統国のワインの味は「果実味（甘味）、酸味、渋味、アルコールのバランスがとれ、フルーティーさのみならず、土壌からくる滋味が加味された深く複雑な味わい」といえます。

この味わいこそが、その風味に慣れない日本人にとって理解しがたいもの、わかりにくくてとっつきにくいものとして写ってしまうのかもしれません。

新大陸だと差が出る品種、出ない品種

現在では伝統国も新大陸も味わいに大きな差はなくなってきています。

とくに、栽培しやすい品種、たとえば、フランス、ボルドー原産の黒ブドウ品種、カベルネ・ソーヴィニヨンやメルロー。同じくフランス、ブルゴーニュ原産の白ブドウ品種、

シャルドネがその代表です。

これらの品種で造られる新大陸のワインは、カベルネやメルローはボルドー産の赤ワインにとても似ていますし、シャルドネはブルゴーニュの白ワインと見まごうばかりです。

逆に、伝統国と新大陸ではっきりと違いがわかるワインもあります。

フランス、ブルゴーニュ以外では栽培が難しいとされる黒ブドウ品種、ピノ・ノワールがそれです。ブルゴーニュのピノ・ノワールは赤ワインとしては色が明るく淡く、香りは熟したイチゴやラズベリー、味わいは渋味が少なくきめ細やかで、エレガントな酸味がたっぷりとあり、全体にやわらかく奥ゆかしい印象です。また熟成とともにドライフルーツや紅茶のような香り、キノコや土の香りが混じり、味わいはワインには少ないとされる旨味までも感じるような深く甘美で、ときに官能的な味わいに変化します。

一方、新大陸のピノ・ノワールは太陽をたっぷりと浴びるせいで、色が濃厚で、香りはブラックチェリーのジャムのよう。味わいにもジャムのような甘さやビターチョコレートのような甘苦味があり、酸味は少なめ。代わりに皮からくる渋味が豊富にあり、全体にボリュームとインパクトがあります。ブルゴーニュを飲み慣れた人にとってピノ・ノワールらしからぬと思われますが、濃厚でジューシーな味を好む人にはお勧めの味わいです。

日本ワイン新時代――どう選び、味わうか

ひと昔前まで、日本のワインと言えば、甘味飲料的なワインや甘酸っぱいジュースのようなワインが一般的でした。それが、今や世界でも評価を上げるようになるまで成熟しているのです。

もともと日本にもブドウはありましたが、温暖で湿潤な気候風土に向く稲作文化のもと、米を主食とし、そして米と潤沢な水で造られる清酒が発達してきました。温暖で湿潤、これは美味しいワインができる環境とは正反対のもの。つまり、日本にワイン文化は根づかなかったのです。

しかし、日本人の生真面目さと発想力で、ワインに向かない気候のデメリットを徐々に克服していきます。乾燥し、冷涼で、昼夜の寒暖差のあるヨーロッパの気候条件により近い土地を探し、土壌改良を重ね、梅雨や台風による雨風、冬の豪雪の対応を編み出し、品質向上とバラエティを増やす醸造技術の改革を重ねました。その結果、今では、エレガン

トな酸味と凝縮感のある果実味、長期熟成に向くポテンシャルを持つ偉大なるワインや、もぎたてフルーツのような新鮮カジュアルタイプ、キラキラまぶしくスパークする発泡酒など世界のワインに負けない〝作品〟が続々生まれています。

「甲州」と「マスカット・ベーリーA」の何がすごいのか

また、注目すべきは、日本ならではのワイン用ブドウである「甲州」が、2010年6月、日本固有のブドウとして初めて、国際ブドウ・ブドウ酒機構（OIV）に品種登録されたことでしょう。つづいて、2013年6月には「マスカット・ベーリーA」も同機構に登録承認されました。

この品種登録によって、日本から欧州連合諸国などに輸出する際、ラベルに品種名を表示することが可能となったのです。

では、日本が誇るこの2つの品種の味わいは、どのようなものなのでしょうか。

まず甲州。山梨を中心に食用、ワイン用として栽培されていますが、最近はドライなタイプから濃厚タイプ、樽熟タイプまで、非常にバライティ豊かなワインが生み出されています。

一方、マスカット・ベーリーA。この品種から造られるワインは、明るい色合いで渋味の少ないジューシーなもの。甘い香りが特徴ながら、和食にも合うとされています。

品質の面のみならず、公的にも認められた日本ワインはますます輸出に拍車がかかること間違いなしです。ブルゴーニュのシャルドネとスペインのアルバリーニョと山梨の甲州が同じリストに載っているのを、カリフォルニアのカベルネとオーストラリアのシラーズと新潟のマスカット・ベーリーAが同じメニューにごく普通に書かれているのを見る日も近いことでしょう。

1000円以下の〝国産ワイン〟に要注意？

こうした発展の一方で、日本のワイン業界にはまだまだ遅れているところもあります。

さて、次のようなワインを、スーパーマーケットの棚でよく見かけませんか？

華やかなラベルのペットボトルに入ったワインたち。500円前後の価格帯で、「酸化防止剤無添加」とか「有機酸アップ」とか「ポリフェノールたっぷり」など健康を気にする人の心に刺さるキーワードが商品名になっていたりして、どのメーカーの商品デザインもとてもよく似ています。

実は、これらのワインは海外から輸入した濃縮ブドウ果汁から造られるもの。新鮮な生のブドウから造る農業的なワインではなく、いわば工業的に大量に造られるものなのです。あの金額で販売できるのはそのためです。

ヨーロッパをはじめとした伝統国ではこういった製法で造られる飲料はワインとは認められていません。しかし、日本では、これらブドウ加工飲料も「ワイン」となり、国内で製造しているので「国産ワイン」と表示されるのです。

手に取りやすく買いやすく、まったくのワイン初心者にとっては非常に飲みやすい商品設計になっていますので、ワイン消費の導入レンジとしての役割があるかもしれません。

しかし、農業としてブドウ栽培を行い、獲れたての新鮮なブドウを使い、丁寧に醸しながらワインを造っている、文字通り本物の「国産ワイン」と同じレベルで括られるのは少々理不尽な気もします。

濃縮還元果汁を原材料にしたワインは現在、こうしたルールのユルい国産のものだけに限られます。輸入ものにはまず、ありません。

また、時に「無添加」といった健康によいイメージのうたい文句が書かれています。濃縮還元果汁を使っているからこそ、生のブドウと違って腐ったり味が落ちる心配は少なく、無添加が成り立つのです。

こうしたワインは、ラベルの原材料に「濃縮還元果汁」と必ず書かれています。〝自称ワイン〟ではなく真っ当なワインを飲みたいと思うなら、そうした表記をきちんと確認した上で選んでくださいね。

和食×ワインの美味しいルール

日本ワインの躍進の一方で、世界文化遺産となった和食は今や世界中で愛されており、日本酒のほか、現地のワインとともに楽しまれる時代になりました。

日本においても、ミシュラン三ツ星和食店や有名お寿司屋さんはみんな高級ワインを置いていますし、最近はソムリエのいるお寿司屋さんがあったり、日本酒を飲まない和食店の店主さんもいたりするほど。カジュアルな居酒屋さんでもお手頃価格でワインが飲めるようになり、ホッケの塩焼きをつまみながらグラスで白ワインを飲む光景は、日常的になってきました。

そんな風潮から改めて思うのは、「和食」と「ワイン」の組み合わせ、本当に美味しいのだろうか、ということ。そこで今一度、和食とワインをどのように楽しめばいいのか、考えてみたいと思います。

40ページでも解説しましたが、ワインと料理を考える上で、料理とお酒の美味しい組み合わせルールについて、もう一度復習してみましょう。

1 同調／相乗効果／ハーモニー
2 第3の味が生まれるマリアージュ
3 料理が美味しくなる
4 お酒が美味しくなる

さまざまな専門家が和食とワインを語り、その楽しみを紹介していますが、美味しい組み合わせの基本は、ほぼ「1」をベースに考案されているといってもいいでしょう。

ただ、ここで問題なのが、ワインと和食を「同調」させるのは実のところ、かなり難しいという点です。なぜなら、和食の味わいのベースは、出汁（昆布、鰹節、いりこ、干しシイタケ）、醤油、味噌、酒、みりん、砂糖です。調味料の基本である「さしすせそ」がまさにこれ。和食の基本ともいえます。

この基本的な味わいに、実はワインは合わせづらいのです。ブドウという果物から生まれるワインは、「果実味」「酸味」「渋味」からなる飲み物で、これらの要素は和食のそれと「同調」する部分が少ないのです。

実際、この難しさが、和食とワインの組み合わせ体験勉強会や関連イベント、関連本をみるとよくわかります。

『和食とワイン』を共著される田崎真也さんと日本料理の高橋拓児さんが講師を務めるプロ向け勉強会では、まず「そもそも和食の定義自体が難しい」としながら、和食の基本は「出汁の旨味と塩のコンビネーション」、洋食の基本は「油脂と塩のコンビネーション」であり、油脂があってこそワインに合う、と説明しています。

お刺身は油脂分の少ない和食の代表格ですが、ワインとは合わない、などと感じる人も多いのではないでしょうか。

欧米では魚介類を白ワインと共に味わうのが普通ですが、これは、オリーブオイルやバター、クリームやマヨネーズなどが介在しているからこそ美味しいのです。油脂がワインとの仲介役を果たしてくれるのです。

また、ワインと和食を合わせるために、次のような提案もされていました。

煮物の基本である「酒：醤油：みりん＝1：1：1」の割合も、ワインと合わせる時は「酒＋ワイン：醤油：みりん＝1：1：1＋ワインの酸」にアレンジする。そして「ワインを飲む時の御造り用の醤油は、白ワイン入りの煎り酒（醤油のない時代から使用されてきた梅干しと塩のつけタレ）にする」といったひと手間を加える…など。

いたるところにプロらしい工夫をしてワインとの組み合わせを提案されるのですが、素人には難しいし、どこかに「そこまでして…」という思いもわいてきます。「それなら無理にワインを合わせる必要はないのでは？」「もはやそれは和食ではないのでは？」という気さえしてきてしまいます。

また、ワインはブドウという果物から造られる飲みものです。すべてのワインがそうとは言いきれませんが、基本的に、ワインはフルーティーさが身上です。そして、そもそもフルーティーなものは和食には合いにくい。前述しましたが、グレープジュースがお刺身と合わないのが何よりの証拠です。

とはいえ、やはり和食にワインを楽しんでもらいたいもの。また、日本でもカジュアルにワインを楽しめる時代がようやく訪れました。これからは、もっともっと家庭料理とワインを多くの人が気軽に楽めるようになってもらいたい。

そこで、前出のようなプロ並みのワザを必要としない、簡単な「ワインと家庭料理の組み合わせ」例をご紹介しましょう。

家庭の和食、外さない3つの組み合わせ

家庭の和食に合わせるならば、ずばり次の3つのワインを選んでください。「軽めの赤」「酸味のある白」「やや甘口の白」です。前述した内容の復習となる箇所が多いですが、改めて詳しくお話ししましょう。

まず「軽めの赤ワイン」。これは、醤油、味噌に合いやすいのです。

ハンバーグに煮魚、キムチに冷奴に麻婆豆腐などいうように和洋中とさまざまな料理が

一緒に並ぶのが現代の日本の食卓です。それぞれの料理に違うワインを合わせるなど無理ですし、ナンセンス。ならばポイントをひとつに絞るべき。答えは醤油や味噌です。日本の食卓なら必ずどこかに醤油や味噌が関わっています。これにワインを合わせるのです。お勧めはやや熟成したやわらかな赤ワイン。「旨味との同調」です。白ワインではやや負けてしまいますし、赤でも新鮮で若々しくジューシーなタイプや渋味がある濃厚なタイプではなく、落ち着いたやや熟成感のある赤ワインがしっくりくるのです。

次にお勧めしたいのは、「酸味のある白ワイン」。揚げ物に合います。素材は何であれ、また、天ぷらでも唐揚げでも素揚げでも、揚げる料理にはとにかく酸味のある白。理由は、ずばりレモン代わりになるからです。酸っぱいワインは、レモンのごとく脂分を洗い流しすっきり軽快に揚げ物を食べさせてくれます。これはもしかしたら日本酒や焼酎にもない効果かもしれませんね。だからこそ一番のお勧め！

「やや甘口の白ワイン」は、お寿司や酢の物、酢〆した魚など、甘酸っぱい味わいの料理と共にどうぞ。これは「甘酸っぱさの同調」が期待できます。甘酸っぱいガリも、実はワインとの相性ばっちり。

ちなみに、お寿司は醤油が介在するので、熟成した軽めの赤もかなり良いです。魚料理だからとむやみに白ワインと決めつけると、妙な生臭みを感じたり、味わいのバランスが悪かったりします。醤油や煮切り、お寿司そのものが持つ旨味との同調で美味しさがアップします。

相性抜群のシャンパーニュ、だが…

ワインはアミノ酸などの旨味成分が少ないのですが、なかでもシャンパーニュはそれが多いと言われています。つまり和食の旨味と同調しやすく、シャンパーニュ特有の存在感のある練れた酸味も和食とよくつりあいます。熟成したシャンパーニュほど和食に合うといわれ、高級和食店ではゴージャスな熟成シャンパーニュが必須のアイテムにもなっています。

ただ、残念なことに、「シャンパーニュは高価なものが多く日常的に飲むのはお財布に辛い。お手頃なスパークリングワインで代用」というのでは、この相乗効果、あまり期待できないのです。お手頃スパークリングは熟成が短く清涼飲料水に近いジューシーな味わいが多いためです。

とはいえ、喉の渇きをうるおし、口を洗い流してくれる効果はあり。当然ですが、炭酸グレープジュースよりはうんとオシャレで大人っぽいので、スパークリングワイン×和食も試してみる価値はありです。

何にでも使える〝料理×ワイン〟のかんたん賢い鉄則

前ページで3つのタイプのワインと和食の組み合わせについて解説しましたが、和食に限らず、どんな料理にも通用する簡単なルールをご紹介しましょう。

ワインと料理のベストマッチを考えるときの鉄則は、まず「軽いものには軽いワインを、重いものには重いワインを」ということ。

あっさりとした料理に重い味のワインでは料理が負けてしまいますし、濃厚な料理にあまりにも軽いワインではワインの味がしません。料理とワインのバランスをとることが重要なのです。

最もわかりやすいルールとしては、「料理の色とワインの色を合わせる」ことが挙げられます。

たとえば、サラダや野菜料理に代表される緑色系の料理や、クリームソースやバターを使った白系や黄色系料理には白ワインを、トマトソースやミートソース、ビーフシチューなど赤色系や茶色系の料理には赤ワインを合わせる、といった具合です。

和食でいうと、白身魚や貝の刺身、塩味の焼き鳥などは白ワインを、赤身の刺身やタレの焼き鳥、肉じゃがや煮魚、豚の角煮のように醤油や出汁で煮込んだ料理には赤ワインを。ワインと合わせるのにはちょっと難しい和食でも簡単に適用できるこのルールは、覚えておいて損はないはずです。

また、「その土地の料理とその土地のワインを合わせる」という点も覚えておきたい鉄則です。

フランス料理にはフランスのワインが、イタリア料理にはイタリアのワインがやはり合います。ブルゴーニュの伝統料理コック・オー・ヴァン（鶏肉のワイン煮込み）にはブルゴーニュの赤ワインがいいですし、ボルドー、ポイヤック村の仔羊のソテーには同じポイヤックの赤ワインがいい。地中海のブイヤベースにはプロヴァンスのロゼワインがやはり合うのです。

さらに、「料理の格にワインを合わせる」というのもポイントです。

例えば、有名レストランで「シャトーブリアンのステーキ、フォアグラのせトリュフソース」などを奮発した際、1000円のライトワインでは明らかにバランスが悪いでしょう。反対に、家庭で手造りハンバーグとサラダ、ポテトというメニューに、何万円もするシャトー・ナントカを合わせる必要もまったくないのです。

赤は常温、白は冷やして…まだ信じてる？

ワインには、それぞれに「美味しい飲み頃の温度」があります。昔から、「白ワインは冷やして、赤ワインは冷やさないで」というのがルールといわれていました。ワインを飲まなくても、この常識だけは知っている人が多いのではないでしょうか。

でも、白や赤といっても、辛口と甘口があるし、さっぱり軽快なタイプやしっかり濃厚タイプもあります。また、ロゼはどうなるんだ…という問題も。考えてみれば、暑いときに冷やさない＝生ぬるい赤ワインは美味しくないですし、きんきんに冷えすぎた白は香りも味もないものです。

ワインの本当に美味しい温度って、どうなんでしょう。

ワインの教科書に載っている「飲み頃温度」を見てみると、まず、「甘口のワイン」や「シャンパーニュなどのスパークリングワイン」は4～8℃と低めです。ワインに限らず、甘いものは総じて冷やしたほうが美味しいですし、泡のある飲み物も冷やしたほうがより爽快に楽しめます。ちなみに、ビールの飲み頃温度も5～6℃程度です。

続いて、「軽くフレッシュな白ワイン」は、6～10℃。

レモンやグレープフルーツのような爽やかな酸味を持つさっぱりと軽快な白ワインは、やっぱり冷やしめが美味しい。少々乱暴ですが金額でいえば、1000円前後や高くても

3000円以下くらいのワインはこの「軽くフレッシュな」タイプに入ることが多いです。つまり、日常的に飲む白ワインは、たいていこの温度が美味しいともいえます。

続いて「コクのある重い白ワイン」は、12～16℃とやや高め。色も濃く、香りも強く、ヨーグルトやバター、ときにナッツのような風味で、飲みごたえとボディを感じる白ワインは、あまり冷やしすぎるとせっかくの味わいが感じられなくなります。

白ワインとひと口に言っても、冷やしすぎずに飲むほうが向いているタイプもあるというわけです。お値段からすると3000円以上（例外もあるけれど）。そう、高級な白ワインは、概ね冷やしすぎないほうがいい、ということですね。シャンパーニュも、クラスの高いものになればなるほど、白ワイン同様、冷やしすぎないほうが美味しいといわれています。

次に、赤ワインです。

「渋味の少ない軽い赤ワイン」は14～16℃。

渋味が少なければ少ないほど白ワインに近くなります。特に、甘酸っぱくてフルーティーでさらさら飲めるような赤ワインは、冷やして飲んだほうがよりフレッシュに楽しめます。最近、スーパーやコンビニには「安くて美味しい」ワインがたくさん並ぶようになりましたが、そこに並んでいるお手頃価格で普段飲みにぴったりな赤はほぼすべて冷やしたほうが美味しい、ということです。といっても、冷蔵庫でキンキンに冷やすわけではないので要注意。

最後に、「渋味のある重い赤ワイン」は、もっとも温度が高く16〜20℃。渋味は冷やすとエグみになるため、温度が高いほうが味がまろやかに感じられます（これ、白でもいえます）。また、冷やしすぎないほうが、赤ワインらしい深みや芳醇さが香りとともに楽しめます。

そして、ロゼはというと、白ワインに近いさっぱり甘酸っぱいタイプなら低めで。赤ワインに近い渋味がありちょっと濃いめタイプなら高めで…となります。

すべてのワインは冷やした方が美味しい!?

さて、ここで注意点。赤、白、ロゼ問わず、ワインの適温として、一番高い温度でも20℃です。人間の体温は約36℃ですから、この20℃の飲み物を口に入れれば冷たいと感じる温度です。つまり、「ワインはすべて冷やしたほうが美味しい」ということにもなるのです。

「えっ、赤ワインも冷やすの？」といった驚きの声が聞こえてきそうですが、でも、考えてみると、それは当然の話です。そもそもワインは、ブドウから造られたフルーツのお酒です。どんなタイプのワインでも、多かれ少なかれ「フルーティーさ」がある。

これを生かすには、やはりある程度は冷やした方が美味しいはずなのです。

とはいえ、ワインは自由な飲みもの。

受け継がれて来た美味しい飲み方の伝統的ルールも否定はできませんが、それはヨーロッパのお話。気候風土がまったく違う日本では、日本独自の楽しみ方があってもいいはず。自分が美味しいと感じる温度で飲むのが、何といっても一番です。

夏なら、ワインをオンザロックやソーダ割りにして爽快さを味わってもいいですし、冬ならお燗にしたっていい。実際、ヨーロッパでは「ホット・ワイン」が冬の定番になっていますから。

味わいが見た目でわかる「ボトル」の法則

さて、ここまで料理とワインの美味しい組み合わせを考えてきました。なんとなく、「こんなワインが飲みたい」と頭に浮かんできたのではないでしょうか。

しかし、「こういうワインが飲みたい！」と思っても、なかなか思い通りの味に出会えないのがワインの難しさ…ここからは、「飲みたい味を選ぶ」ための考え方についてご紹介しましょう。

さて、ワインを買いに行った時、次のような経験をしたことはありませんか？

ずらり並んだ種類の多さに目がくらみ、フランス語やイタリア語で書かれたワインラベルをみるとまたためまいがし、店員さんが近づいてくると逃げ出したくなる…いや、慣れた人でなければ、店員さんがいなくても、混乱気味で逃げ出したくなるのが、ワイン売り場というもの。

しかし、それでも、ワインを飲んでみたい、選んでみたい、買ってみたいという方に、劇的に簡単なワイン選びテクニックを伝授しましょう

ずばり、ワインの味をボトルの形で判断する方法です。

ワインのボトルには、いくつかの形状があります。実はあれ、造り手の好みで好き勝手に使っているわけではなく、ワイン世界でざっくりとした暗黙のルールのもとに使用されているのです。

そう、ボトルの形は、産地や味わい、ブドウ品種ごとに、ほぼ同じタイプのものが使われているということなのです。ゆえに、味のタイプとそれに使われるボトルの形を覚えてしまえば、ラベルが読めなくても店員さんに聞かなくても、そのワインの産地や味わいがわかってしまうということなのです。

現在、ワインのボトルとして主流になっている形は、次の3つがあります。

いかり肩のボルドー
タイプ

なで肩のブルゴーニュ
タイプ

背が高く細長い
タイプ

○ボルドー型

肩が張ったタイプ。これはフランスの銘醸ワイン産地「ボルドー地方」で伝統的に使用される形ですが、今は世界中どこでも使われています。この形のボトルに入っている赤は「色が濃く、渋味が多く、しっかり濃厚なタイプ」のことが、白は「すっきりさわやかな辛口タイプ」のことが多いようです。時に濃厚な甘口も存在しますが、その場合はほとんど高価です。

○ブルゴーニュ型

なで肩タイプのボトル。これもフランスの銘醸ワイン産地「ブルゴーニュ地方」で伝統的に使用されている形で、こちらも世界中で使われています。このボトルの赤は「色は明るめ、やや酸味がある優しい渋味のすっきりタイプ」が、白は、「濃厚な味わいのちょっと高級タイプ（軽くてお手ごろなものもありますが）」が多いようです。

○背が高く細長いタイプ

3つのタイプがありますが、どれもほとんどは「白ワイン」が入っている、と考えてOK。よく見るとフランス産とドイツ産に分かれますが、フランス産は同じ白でも辛口でアルコールもちょっと高め、しっかりとしたタイプになります。ドイツ産は、フルーティーでジューシー、アルコールも低め。ドイツ産でも茶色いボトルより、緑や青のボトルのほうがよりフルーティータイプのことが多いようです。

また、それ以外の国のワインでも、このボトルには概ね、フルーティーで甘酸っぱいタイプの白が入っています。

世界中のワインのほとんどは、このルールに則ってワインをボトルに詰めていると考えていいでしょう。「まったくワインがわかりません」という人にとっては、なかなか便利なルールですよね。

とはいえ、このルールはあくまでワイン超初心者の目安。例外も多いです。まずはワイン選びの第一歩として覚えておいてくださいね。

ソムリエ語を解読すると味探しのヒントになる

ワインに関する本や雑誌を読んでいると、必ず出てくるのが専門用語。「ラズベリーのような」「生肉のような」「火打ち石のような」といった言葉で、そのワインの特徴を表しているのですが、いまいちよくわからないという方が多いのではないでしょうか。

このコメント用語、実はきっちりとルールに則って使われています。決して雰囲気や思い付きやイメージのみで発しているわけではないのです。ましてやポエムを朗読しているのでもありません。

ワインのコメントは「色」「香り」「味わい」の3つのポイントを主に説明します。

さて、ここでは基本的なコメント例とその意味について説明してみましょう。

赤ワインの色を表す用語

用語 「黒みがかった濃い赤」

表す意味 ▶▶▶ 果実味ののったワイン／濃厚なワイン／若いワイン／日照量の多い産地のワイン／暖かい産地のワイン／皮の厚い、小粒で粒数の多いブドウ（カベルネ・ソーヴィニヨン、メルロー、シラーなど）で造られたワイン

用語 「透明度が高く淡い（薄い）赤」

表す意味 ▶▶▶ 酸味のあるワイン／淡白なワイン／（場合によっては）熟成したワイン／日照量の少ない産地のワイン／冷涼な産地のワイン／皮の薄い、やや大粒のブドウ（マスカット・ベーリーA、ピノ・ノワール、ガメイなど）で造られたワイン

用語 「紫色、青色がかった赤」

表す意味 ▶▶▶ 若いワイン／出来立てのワイン

白ワインの色を表す用語

用語 「緑色がかっている淡い黄色、レモンイエロー」

表す意味 ▶▶▶ 酸味のあるワイン／さっぱりとしたワイン／ドライなワイン／アルコールが低いワイン／若いワイン／冷涼な産地のワイン／日照量が少ない産地のワイン

用語 「濃い黄色（麦わら色）で、トロリと艶がある」

表す意味 ▶▶▶ 甘いワイン／アルコールが高いワイン／濃いワイン／熟成したワイン／樽熟したワイン／日照量が多い産地のワイン

用語 「赤味がかっている、茶色味がかっている濃い黄色（麦わら色）」

表す意味 ▶▶▶ 果実味（甘味）のあるワイン／濃厚な味ワイン／熟成したワイン／暑い産地のワイン／日照量が多い産地のワイン／樽熟したワイン／アルコールが高いワイン／皮の黒いブドウから造られた白ワイン

【赤・白共通】これだけは覚えておこう！

濃い色 ▶▶▶ 濃厚で渋味や果実味（甘味）が強く、ボリュームのある味わい

薄い色 ▶▶▶ さっぱりと軽快でやさしい味わい

「色」と「香り」で9割わかるワケ

名前を伏せてワインの銘柄などを当てるブラインド・テイスティングでは、「色でアタリをつけ、香りで9割の見当をつける」といいます。なぜ、味わわずともそこまでわかってしまうのでしょうか。

まず「色」。

単に白ワイン赤ワインといってもよく見ればその色合いは非常に多様で微妙な違いがあるものです。

このワインの色には、実にたくさんの情報が含まれています。色を見る上で何よりも大事な指標は、白も赤もその「濃さ」。濃い色のほうが味わいも概して濃厚で渋味や果実味（甘味）が強くなり、淡い（薄い）色合いのほうがさっぱりと軽快な味わいとなります。ただし、色が明るめだけど味わいは渋味があって意外に濃厚な味わいという、たとえば北イタリアのネッビオーロ種などのような例外もあります。

ロゼも赤と同様の考え方ができます。明るく淡い色のほうが軽快で柔らかい味わい、濃い色のほうが渋味がありぐっと飲み応えのある味わいという具合です。それぞれの色のコメントとその裏にある意味の関係を表にまとめてみたので、ぜひ参考にしてみてください。

続いて香り。香りを表現する言葉は、品種ごとの、また熟成ごとの、また製造方法ごとのルールに則って変わってきます。そのため、香りを表す言葉からは、おおよそのワインの特徴が見えてきます。

「良いワイン」と「そうでないワイン」を表す用語

味わいはどうでしょうか。

ブラインド・テイスティングでは、「色」「香り」の時点でほとんどその銘柄を決定していますが、最後の味わいで「確認」するといわれます。もちろん通常のワインの楽しみはほとんどが味わいであることは間違いありません。

ここでは、ちょっと無謀ですが「良いワイン」と「そうでないワイン」の代表的な表現を挙げてみましょう。

○良いワイン

「バランスのいい」、「余韻の長い」、「複雑な」、「エレガントな」、「豊かな酸味のある」(ワインの味わいの要素の要は酸味)、「ポテンシャルの高い」、「まだ若い」、「まだ閉じた」(以上3つはこの先まだまだ熟成するという意味)、「偉大な」(格の高い高級ワインに使用)

○そうでないワイン

「シンプルな」、「チャーミングな」(小さくまとまっているワイン、偉大なワインの反対語)、「カジュアルな」(悪い意味ばかりではありませんが)、「ジャムのような(ジャミーな)」(品のない甘味が際立ち酸が少ない、味のバランスの悪い)、「すいすい飲める」(深みのない味わい)

…と、こんな感じでしょうか。「そうでないワイン」を表す言葉も頭ごなしに否定する表現ではなく、美味しく飲むためのいわば「言い換え」です。

たとえ暗号の意味を知らなくても、自分好みのワインを見つけることは可能です。ただ、少し覚えておくとワイン選びがちょっと楽になるのもこの暗号なのです。

〝寝かせた方が美味しくなる〟の真相

48ページでも紹介しましたが、農作物であるブドウによって造られるワインは、その年の天候によって味が左右される飲み物です。そうしたブドウの収穫年のことを、「ヴィンテージ」と呼び、その良し悪しは「ヴィンテージチャート」という形で点数化され、長期熟成ワインの市場価格はこれを基準に決められることも多々あります。

さて、私たちが日常的に親しんでいる普段着ワインですが、これはどういった位置づけになるでしょう。

答えは「ヴィンテージを考えなくてもいいランク」と言っていいでしょう。

普段着ワインは日常的に飲むために造られています。何年も寝かせて美味しくなるような品種や醸造方法で造られてはいないのです。

かといって悪いワインではありません。フレッシュで、やさしく、飲みやすく、口当たり良く、飽きない美味しさがあります。とくに、この「フレッシュさ」を重視したワインが普段着ワインとして売られることが多いので、買った時、売っている時が飲み頃と考えるべきなのです。

⁂「ボジョレー・ヌーヴォー」はいつ開けるのが正解？

早く飲んで美味しい普段着ワインの代表は「ボジョレー・ヌーヴォー」です。

もともと早く飲める品種、ガメイを使用しているボジョレー地区のワインですが、秋の収穫祭を祝うために造られる特別製法の「ヌーヴォー」は、さらに早飲みタイプ。まるで色のついた白ワインです。ぜひお祭り気分で楽しんでください。フレッシュさの極めつけのワインですので、購入したあとは、年内、もしくは春になる前に飲みきってしまうのがいいでしょう。

しかし最近は「プリムール」と表示する、新酒ではあるが熟成にも向くタイプのボジョレーも登場してきています。さて、熟成ボジョレーは今後人気が出るでしょうか？　注目していきたいところです。

ワインの保存に関する〝非常識〟を見直そう

長持ちワインを購入したはいいが、保存が問題。ワインは保存管理が難しいものだから…と心配ですね。ここではワインの保存管理の非常識についてご説明しましょう。

まずは、ワインの保存に関して教科書に載っている「理想的な保存条件」を見てみましょう。

⑴温度15℃〜18℃／⑵湿度70％〜80％／⑶暗いところ／⑷振動のないところ／⑸匂いのないところ／⑹横に寝かせる、の6つ。

これらにはすべて大事な意味があります。

しかし、しかしです。こういった理想的な条件をクリアする場所がご家庭の中にあるでしょうか。「私の家は、中世の古城なので、地下にピッタリの場所があります」というならいいのですが、日本の一般ご家庭にこの条件を満たすところは皆無でしょう。

だけど慌てないで。問題は、あなたが手にしているワインは、この理想的な保存条で保存すべきワインなのかどうかということです。

先ほど説明した普段着ワインなら、この理想的保存条件はすべて忘れてください。とにかく保存を考えるより早めに楽しく飲んだほうがいいのですから。早飲みタイプのワインに関して「保存条件」をとやかくいうことほど無駄なことはありません。普段着ワインは、極端に書けば、どんな温度湿度でも、横にしようが縦にしようがひっくり返そうがいっこうに構わないのです。

熟成とは無縁の、売っているときが飲み頃の普段飲みワインは、保存を気にしなくてもいいラクチンワインであるといえるのです。

「開けたらその日のうちに」という都市伝説

ワインの都市伝説としてもっとも知られているのがこれでしょう。ワインをなんだか怖いものにするよくない噂です。通常、さっぱり飲みやすい普段着ワインで2〜3日、濃厚な味わいのワインなら4〜5日は十分美味しく飲めます。

ちなみに我が家では、飲みきれなかったワインは数日かけてゆっくり飲みます。残ったワインは、コルクにラップを巻き（コルクが汚れていることがあるから）ボトルの口にギユッと押し込んでそのまま冷蔵庫に突っ込むだけ。そして、翌日も翌々日も翌翌々日も飲む。忘れていて何日か置きっぱなしという時さえあります。

そんなときでも今までの経験からいくと「うっ、不味い」と思うことは実はほとんどありません。もちろん、ワインは生き物です。空気に触れれば多少は変化しますし、酸味がやわらいだり、渋味が少なくなったり、まろやかになったり、腰がなくなったり、少し苦味が出ることもあります。

だけど、美味しくないわけじゃありません。この変化は「酸化」で、飲めない状態＝腐った状態という意味ではありません。そもそもワインに賞味期限はないのですから。飲む時々の味が楽しむべき味わいということなのです。

ワイングラス、家飲み用には「これ」1つでOK

ワインを楽しむとき、実はグラスの役割は驚くほど大きいです。同じワインでもグラスが違えば、味わいも劇的に違うもの。

一般に「赤は大きめ、白は小さめ」とされていますが、家飲み用に2種類揃えるのは少し面倒くさいかもしれません。そんなときは、次の4つの条件を満たすグラスを探してみてください。赤でも白でも対応できる〝万能グラス〟を選ぶポイントです。

1 美しい色を味わえる「無色透明」のグラス
2 香りが逃げない「チューリップ型／風船型」
3 香りが溜まる大きさがある
4 味の繊細さが引き立つ薄手のもの

なんと嬉しいことに、これら4つのポイントをすべて兼ね備え、それでいてお値段もお手頃、さらには家での扱いもラクチンというとってもお勧めなグラスがあるのです。

「国際規定のテイスティンググラス」です。

1個300円〜600円程度で手に入るものでありながら、これ1つで白でも赤でもロゼでもいけるし、日本酒もリキュールもビールだっていけちゃいます。

ワインスクールで使われているのもこのグラス。そう、ソムリエはみんなこのグラスで勉強するのです。普段着ワインを楽しみたいという方、まずはこのグラスから揃えてみてはいかがでしょう。

ホスト・テイスティングを乗り切るコツ

ここまで、家飲みワインの楽しみ方を中心にご紹介してきました。とは言え、特別な日にはちょっといいお店にいって、普段飲めないようなワインも開けてみたいもの。

しかし、そのお店飲みには、家飲みにはない〝関門〟があります。

それが、「ホスト・テイスティング」。

あれ、怖いですよねぇ、緊張しますよねぇ。まるで「さて、味はおわかりになりますかな?」などと試されているような感じさえします。

ちゃんとしたレストランであればあるほど、まるで試験のような関門を通過しなければならないのです。ここでは目的から正しい攻略法、そして裏技も含め、その対処法をご説明しましょう。

間違えると恥ずかしい? テイスティングの目的

ご承知のように「テイスティング」とは「きき酒」「味見」のことです。

レストランで行う「ホスト・テイスティング」は、文字通り「ホスト」が行う「きき酒」です。つまり、お金を払う人（おもてなしをする人）＝ホストが、ご馳走される人（もてなされる人）＝ゲストのために、「注文したワインが悪くなっていないかどうか」を確認することです。ポイントは「悪くなっていないかどうか」の点。ここが難しいところですが、決して「自分（ゲスト）の好みの味かどうか」を見るわけではありません。

「カビ臭さ」さえ見れば8割OK

では、「悪くなっていないかどうか」はどうやって判断するのでしょうか。

そもそも、「ワインが悪くなっていることがあるのか？」と思われるかもしれませんが、答えは「ある」です。それも、思ったより「結構ある」です。

ワインが悪くなると判断される理由で最も多いのは、「コルク臭」というもの。フランス語で「ブショネ」（ブションはコルクの意味）といいます。コルクには細かい気孔がありそこにカビが生えて、そのにおいや味がワインに移り、ワインが「カビ臭く」なる状態です。「悪くなっている」のは「ブショネ」を指すことが最も多いのです。

レストランの「ホスト・テイスティング」は、異物が入っていないかといった「外観」

を見ることも大事なのですが、何よりも重要なのはこの「ブショネ」をチェックする作業といっても過言ではありません。

「ブショネ」のチェックは「香り」をみれば事足ります。「ブショネ」の「カビ臭さ」は、たとえば、「みかんが青くカビたときの匂い」に近い感じ。それに、「材木や土の匂い」を混ぜたような感じといえば、おわかりいただけるでしょうか。「味」も少し苦いようなエグイような渋いような（ワインのタンニンとはまた違った渋味）を感じます。

ブショネのワインは間違いなく、美味しくない。なんとなく杯がすすまないというときはブショネかもしれません。

もしよくわからなかったらどうするか。そのときはソムリエに「よくわからないのですが、このワインの状態はどうでしょう？ 少し飲んで確かめてもらえませんか？」と言ってみましょう。相手はプロなので快く引き受けてくれます。大丈夫なのかおかしいのか素早く確かめ、万が一駄目なようなら、すみやかに新しい別のボトルを持ってきてくれます。

タダで交換してくれる場合とは

このブショネをはじめとして、何らかの理由で悪くなっていた場合は別の新しいボトル

（同じ銘柄、同じヴィンテージ）に無料で交換してくれます。

逆に、「好みのワインでないので、別のボトルに交換してほしい」というのはNGというわけです。好みでない時は、新たに別のワインを注文（＝購入）しなければいけません。

ただし、「香りがたたない」「すごく酸っぱい」「味が固い」「果実味（甘味）が少ない」など「なんとなく、美味しくないなぁ」と思ったときにも、遠慮なく相談してみましょう。

前述の理由でボトルの交換はむずかしいですが、ソムリエは、温度を上げたり下げたり、デキャンタージュ（他のボトルに移し変え、空気に触れさせる作業）をして香りや味を引き出してくれたりと、さまざまなサービスを駆使して「美味しくしてくれる」はず。ソムリエは敵ではなく、ワインを楽しむための味方なのですから。

今、3000円以下で最もお勧めな3本＋α

さて、この章の最後に、今、最もお勧めしたいワインをご紹介しましょう。普段の家飲みでも大活躍してくれるはずです。

1クロ・モンブラン　クワトロ・カヴァ・サクラ／輸入元：エノテカ(株)

お手頃価格のわりに品質がいいこのスパークリングワイン。きめ細かい泡になめらかな舌触りが魅力です。パールピンク色に輝くかわいいボトルスタイリングと、グラスに注ぐと宝石みたいに輝くロゼカラーがとってもきれいです。味わいはもぎたてのサクランボみたいにフルーティーで、ほんの少しの渋味がアクセントに。これが1000円台なんてすごい！　洋食や中国料理、和食まで幅広く合わせることができるのも魅力です。

2タケダワイナリー　サン・スフル白(発泡)　山形県産デラウェア種100％／タケダワイナリー(山形県)

日本のワインをけん引する老舗ワイナリー。地元産の良質デラウェアから生まれるほんの少しにごりのある微発泡ワインです。「サン・スフル」とは亜硫酸の添加なしという意味。ナチュラルなテイストが、優しく心地いい酔いを誘ってくれます。食前に、軽いおつまみとともにどうぞ。コップやゴブレットでもOKですよ。

3ミッシェル・リンチ・オーガニック・ルージュ／輸入元：アサヒビール（株）

ボルドーの名酒、シャトー・ランシュバージュから生まれたカジュアルワイン。ボルドーらしいきめ細かい渋味と品格ある果実味、全体を引き締める酸味のバランスが絶妙。しかもお手頃価格で楽しめる優等生です。ハンバーグや肉じゃがなど軽めの肉料理や、タレで味わう焼き鳥、豚のしょうが焼きにも◎。ボルドー初心者にもオススメです。

普段飲みにピッタリなコスパの良い1本

1コノスル　オーガニック　ピノノワール／輸入元：(株)スマイル

日本で絶大な人気とシェアを誇るコノスル社の赤ワイン。同社は、品種別、クラス別にバラエティに富んでいますが、普段飲みにはやっぱりコレ。

実はとあるイベントで８０００円のブルゴーニュ村名付きピノ・ノワールとこのワインをブラインドで出したところ、こちらのワインに軍配が上がり、さらに、どちらがチリ産かブルゴーニュ産か区別がつかないほど、似通っていたことに会場がどよめいたという実績あり。和洋中と、どんな料理にも合わせやすいワインです。

第3章

【日本酒の新常識】今、美味しい1本は「この4タイプ」から探すべし

＼＼ 3分でわかる！ ／／

最高の1杯に出会うための「日本酒」入門

「ラベル」の読み方でマスター 日本酒のいろは

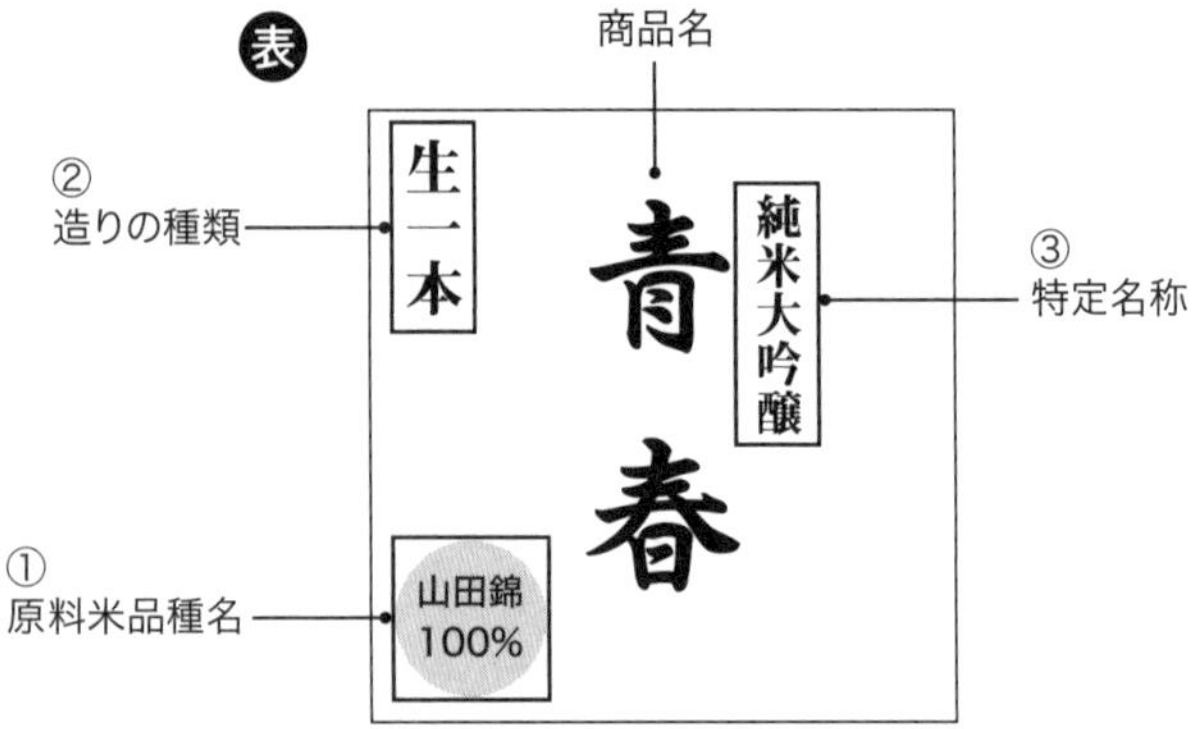

裏

原材料名	米・米こうじ
アルコール分	17度以上18度未満
日本酒度	+3
酸度	1.0
精米歩合	50%

④ 日本酒度・酸度・精米歩合

＊その他、製造時期や製造元の表示も義務づけられています

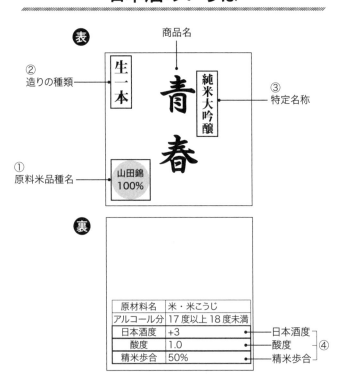

①「原料米」で味わいが見える

原材料として使われている米の品種からは、おおよその味わいが見えてくる。品格ある味わいの「山田錦」、柔らかな味わいを醸し出す「五百万石」、すっきりとした味わいが特徴の「美山錦」、骨太タイプの「雄町」などが有名。

②「造りの種類」から何がわかる?

「生一本」や「あらばしり」といった表示は、その日本酒がどのように造られたかを示しており、味わいを解読するための大きなヒントになる。主な用語とその意味は以下のとおり。

＊「生酛造り」「山廃仕込み」については本文内で紹介

◎「あらばしり」…しぼりの最初に出てくる部分を指す言葉。華やかな香りとフレッシュな味わいが特徴
◎「原酒」…加水調整していない日本酒のこと。アルコール度数が高めで、味わいとしては力強いものが多い
◎「樽酒」…木製の樽で貯蔵された清酒。豊かな木香が味わえる
◎「生一本」…単一の製造場で醸造された純米酒であることを示す

③「特定名称」は味わいの区分じゃありません

「特定名称」とは、日本酒を〝税制上〟区別するための名称。味わいの区別というわけではないので要注意。「大吟醸なら50%以下」といった削った後に残った米の量を示す精米歩合や原料の種類などによって区別される。

④「日本酒度」「酸度」からわかること

「日本酒度」は日本酒に含まれる糖分の量を、「酸度」は酸の量を示し、「甘口・辛口」の判断材料に使われる。しかし、日本酒の味を決める要因は他にも多くあるので、一概にこれだけで甘辛が決まるわけではない。

飲みたい1本・好きな味がわかる!
「日本酒」の味わいチャート

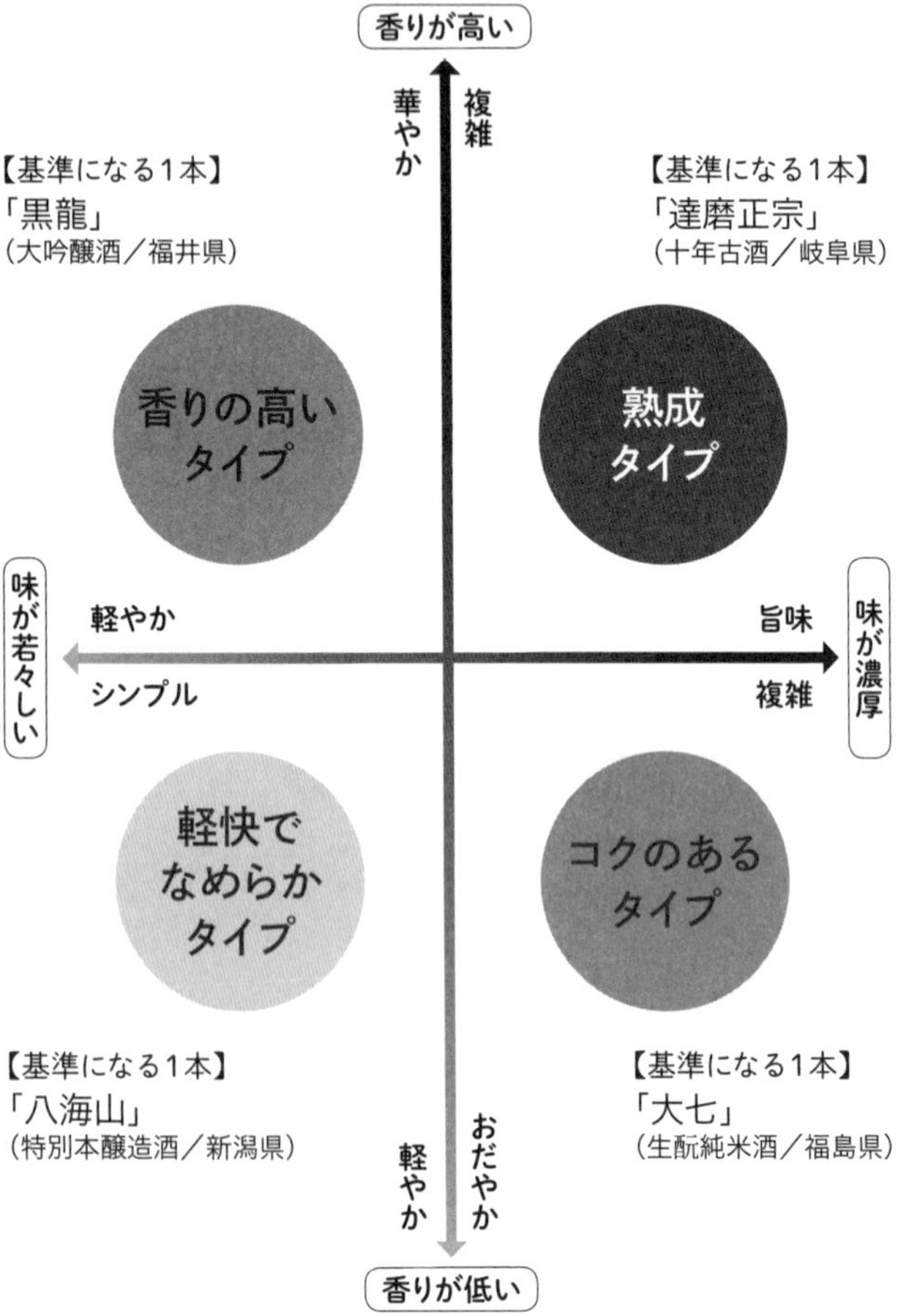

① 香りの高いタイプ

甘くフルーティーな香りと清涼感が特徴の日本酒。味わいは軽快なものから濃醇なものまで様々。10度前後に冷やして飲むのがオススメ。食前酒にもピッタリ。

② 軽快でなめらかタイプ

味わいは淡く、香りもライトな日本酒。シンプルな味わいなので、様々な料理に合わせやすい。よく冷やすとよりその軽快さが引き立つ。「淡麗辛口」テイスト。

③ コクのあるタイプ

米の風味が生きた、ふくよかな香りとコクのある味わいが特徴の日本酒。味噌や醤油などのはっきりした味わいの料理と好相性。常温やぬる燗がオススメ。

④ 熟成タイプ

熟成により生まれた、スパイスやドライフルーツのような凝縮した味わいが特徴の日本酒。香辛料の風味が強い料理やローストさせた料理などと好相性。常温や時にオンザロックも。

自分好みの1本を探し当てるには…

日本酒は、ラベルに記載された情報や、店頭で謳われている「淡麗」「辛口」といった文句だけでは本当の味を予測するのが難しいお酒です。「大吟醸だからこんな味」という正解もありません。

そこで「自分好みの味」探しに役立ててほしいのが、各タイプで紹介している基準になる1本。それぞれのタイプの平均的な味わいのお酒なので、「黒龍・大吟醸よりも香りがおだやかなもの」などと酒店で伝えていただくと、イメージ通りのお酒により近い1本が見つかるはずです。

「自分好みの味」に出会えないたった1つの理由

数ある日本酒の中から今日の1本を選ぶとき、何を基準に選びますか？

「大吟醸酒」や「純米酒」といったくくりで選んでいる方、意外と多いのではないでしょうか。でも、自分好みの味を選ぶときに、このくくりで選んでしまっては、なかなか思い通りの味には出会えないかもしれません。

そもそも、この〝くくり〟って、どこから来ているのでしょうか。少し紐解いてみましょう。

1992年に酒税法が改正され、日本酒の分類が大きく変わりました。それまでは「特級、一級、二級」といった級別制度だったのが、「本醸造酒」「特別本醸造酒」「純米酒」「特別純米酒」「吟醸酒」「大吟醸酒」「純米吟醸酒」「純米大吟醸酒」という8つの「特定名称酒」に分類されることになったのです。

いわば、税制上の区分。お酒選びの基準にならないわけじゃありませんが、日本酒の初心者やもともとあまり興味がないけど飲んでみたいなどという人にとっては、いえいえ、もしかしたら、日本酒よく飲むよという人にとっても実はつかみどころのない専門用語でもあるのです。

そもそも、あまり詳しくない方にしてみれば、純米酒とか大吟醸など、聞いたことはあるけれど、果たしてどんな味なのかを具体的にイメージすることは難しいでしょう。

では、ある程度詳しい人は「大吟醸酒といえばこの味」とわかるものなのでしょうか。それも難しいのです。同じ「吟醸」「純米吟醸」といってもその味は千差万別。華やかなものもあれば、ぐっとおとなしいものもありますし、甘口もあれば辛口もあります。同じカテゴリーの特定名称酒といえど、実は味の統一性はあまりないのです。

また、詳しくはのちほど書きますが、最近の若い造り手の中には、あえて「大吟醸酒」や「吟醸」といった精米歩合に関係する特定名称酒の分類をラベルで名乗らない人も増えています。これも、味わいを知るためには特定名称酒の分類ではあまり意味がないという思いの現れなのでしょう。

とある純米酒を飲んで自分は純米酒が好きだと思っても、他の銘柄の純米酒を飲んで美味しくないと思うこともあります。先日飲んだあの吟醸酒が美味しかったから自分は吟醸酒が好みなのだと考えるのも早合点かもしれないのです。

「高ければいい」が成り立たない日本酒の世界

日本酒を選ぶ際、「高い大吟醸酒を頼んでおけば、とりあえず間違いはないだろう」と考えている人は意外と多いのではないでしょうか。確かに今、日本酒ファンの間でも業界内でも「大吟醸酒がエライ」という風潮があります。

後述しますが、日本酒にはさまざまなタイプがあります。それぞれに味わいや魅力は異なり、大吟醸酒が日本酒の頂点というわけでは、決してありません。にもかかわらず、このような常識が生まれてきたのには、理由があるのです。

この謎を解く鍵は、「全国新酒鑑評会」にあります。この鑑評会は、各酒造蔵の杜氏（日本酒の造り手）の技量を競うコンクールのようなもの。

実は、ここで金賞をとる日本酒というのは、毎年味の傾向がほぼ決まっているのです。その傾向をひとことで表すと「ＹＫ35」。訳すとすれば「山田錦（Ｙ）と、きょうかい9号酵母（Ｋ）を使い、精米歩合を35％にして造ったお酒」ということになります。最高酒米の山田錦を、35％になるまで磨きに磨き、さらには華やかな香りを出す9号酵母で仕込んだ酒のことで、まるでワインのようなフルーティーさを持ち、口に含んだ瞬間とても甘くインパクトのある味に仕上がります。また、より香りが華やかに立つので醸造アルコールを添加することも多く、それが「大吟醸」となるわけです。

この「YK35の大吟醸」でなければ、鑑評会の最高賞である金賞は狙いにくい、と言われています。金賞受賞は杜氏さんや蔵人の励みになり、蔵の製造技量の指標にもなりますから、造り手はみんな欲しい。ゆえに、通常の市場に出回る酒とは別に、金賞をとるための酒を特別に採算度外視で造るのです。

こうしたお酒を「出品酒」と呼びます。出品酒はあくまでコンクール用ですが、この出品酒と同様に造られた酒が市場に出ることもあります。その金額は、通常の商品よりも当然高くなります。これが高級酒＝大吟醸というイメージにつながっていったのです。

「大吟醸は最高級日本酒」という誤解

華やかで雑味のないフルーティーな酒である金賞受賞酒＝大吟醸は、たしかに素晴らしい香味です。

しかし、そのほかのお酒にも素晴らしいものがたくさんあります。華やかではないが落ち着いた香りでさらりと軽快なタイプや、インパクトはないが飲むほどに後をひくドライなタイプや、ぐっと濃醇で米由来の旨味が凝縮したタイプや、黄色身がかった色で練れた味わいの熟成酒など、どれも魅力的です。にもかかわらず。これらは鑑評会ではまったく出番がないのです（新酒鑑評会なのでそもそも熟成酒は入ってこないですが）。

これには理由があります。

鑑評方法は、鑑評の専門家が、色を見て、口に含み、口中での香味を調べそのまま飲みこまないで吐き出します。たくさんの出品酒を普通に飲めば酔っぱらってしまうので飲むことはしません。この手法だと、口中でのインパクトがある第一印象のはっきりした、甘く雑味のない酒が高得点になります。

ワインのように香りを見ることはありませんし、色がついている酒はまずもって減点、第一印象に残らない酒も、重い濃純な味も評価されません。とにかく、口中での香味のインパクトがあって華やかで甘くきれいな酒が減点されずに残るわけです。

しかし、この出品酒＝大吟醸、華やかゆえに、もし普通に飲むとすれば、飲み続けることができません。1〜2杯飲むと華やかさというよりも華々しさといってもいいくらいの香りが鼻につき、甘さもだんだんと飽きがきます。なかにはせっかくのお刺身の味を壊さんばかりに目立つものさえあります。

それではと、ほかの銘柄の大吟醸に代えてみたところで同じです。なぜならば、金賞酒になるポイントが同じなので、金賞受賞の大吟醸は、全国どの地方のどの蔵のどの杜氏さんが造ったものでも大きな違いが出にくいからです。

日本酒は〝４タイプ〟に分けるとよくわかる

「大吟醸酒」や「純米酒」といったくくりで日本酒を選んでも、飲みたい味にはなかなか辿りつけない。また、高級酒や大吟醸酒だから必ずしも自分にとって美味しいというわけでもない…。

そこでお勧めしたいのが、１００ページでも紹介した、日本酒を４タイプに分けた「味わいチャート」です。

以下に、改めてこの４分類を紹介しましょう。

1 香りの高いタイプ…華やかで透明感があり、果実や花の香りが特徴。甘さと丸みがあり、爽快さとの調和がとれているタイプ。

例えば、大吟醸酒や吟醸酒、純米大吟醸酒や純米吟醸酒、生酒などがこれにあたります。具体的な銘柄としては、「黒龍　大吟醸」「獺祭　純米大吟醸　磨き二割三分」「出羽桜　桜花吟醸」など。

2 軽快でなめらかタイプ…穏やかで控えめな香りが特徴。清涼感を伴ったさらりとした淡い味わいで、ドライな後味が多いタイプ。

例えば、本醸造酒、特別本醸造酒、生貯蔵酒、生詰酒、一部の純米酒や吟醸酒などがこれにあたります。具体的な銘柄としては「八海山　特別本醸造」「司牡丹　超辛口純米酒　船中八策」「上善如水　吟醸酒」など。

3 コクのあるタイプ…炊き立てのご飯やつきたての餅のような米由来の香り、もしくは樹木や乳製品の香りが特徴。コクや旨味があり、甘味、酸味に加え心地よい苦味もある。日本酒の原点ともいえる伝統的なタイプ。

例えば、純米酒、特別純米酒、生酛造りや山廃造りの酒などがこれにあたります。具体的な銘柄としては「大七　純米生酛」「香住鶴　山廃特別純米」「菊正宗　上撰」など。

４ 熟成タイプ…ドライフルーツやスパイスのような力強く個性的な香りと、トロリとした甘味や粘性があり、心地いい酸味と苦味が溶ける複雑で深い味わいが特徴。ツウ好みともいえるタイプ。

例えば長期熟成酒、古酒、一部の山廃などがこれにあたります。具体的な銘柄としては、「達磨正宗　十年古酒」「花垣　調熟純米古酒」「天狗舞　山廃仕込　純米酒」「華鳩　貴醸酒」など。

このチャートは、約25年前に日本酒業界とソムリエがタッグを組んで作り上げたもの。ソムリエと日本酒業界の重鎮たちが、膨大な数の全国の日本酒を集め、ソムリエのテイスティング官能技術をもとに、消費者にとってわかりやすい表現と分類というポイントで4つにカテゴリー分けをしたものです。さらに、日本酒と料理の相性体験も行い、どの料理がどのタイプの日本酒と相性がいいのかについても、実際に飲み食べして検証しました。

つまり、製造面から見た特定名称酒の8分類とは違い、飲み手、もしくは提供者のための「味わい、楽しむための分類」と言えるのです。

近年は、和食ブームの追い風で、日本酒提供の場が国外にまで広がりました。そういった場で4タイプの違いをわかりやすく説明してくれる日本酒ソムリエや日本酒きき酒師が増えてきました。4タイプをベースにすれば、美味しい温度や酒器、飲み方、料理との組み合わせまでも説得力を持ってお勧めできます。お酒を提供するプロの方にはぜひとも上手に利用していただきたいと思います。

また、飲み手にとってももちろん有用。

日本酒の好みも千差万別ですから、あるひとつの銘柄だけを試し、それが好みと合わないからといって「日本酒は私には合わない」と判断するのは早計です。仮に、試した銘柄が「コクのあるタイプ」だった場合、実はそれとはまるで味わいの異なる「軽快でなめらかタイプ」にこそ、あなた好みのど真ん中がひそんでいる可能性も十分にあるというわけです。

100ページには、それぞれのカテゴリー内の基準になる1本＝平均的な味を紹介しています。まずは、そこから飲み始めてみてはいかがでしょうか。

獺祭と新政に見る〝新時代〟の造りと味

日本酒は時代によって変化してきました。そのなかで昨今、大ブームになり、国内外でその名が広く知れ渡っている銘柄がたくさんあります。

その代表として名高いのが、「獺祭」と「新政」ではないでしょうか。どちらも、日本酒特集を銘打てば必ずと言っていいほど大きく取り上げられる人気ぶり。新時代を代表するこれら2つのお酒は、いったいどういう存在なのでしょうか。

固定観念を覆した「獺祭」式

「獺祭」は山口県の山の中、獺越《おそごえ》という地名の片田舎にある「旭酒造」という蔵元で造られています。これほどまでのブランドを築き上げたのは、三代目に当たる桜井博志氏。当時、最悪の経営状態にあった酒造の大改革に着手し、経営の立て直しをはかったのです。

その手法は、日本酒造りにおける固定概念をこれでもかと覆すものでした。

例えば、これまでは冬季雇用の杜氏さんの手による伝統手法が継承された清酒造りを、社員自らの手で行い始めたこと。試行錯誤を繰り返し、ついには杜氏さんの手に頼らない日本酒造りを実現しました。

また、日本酒は冬場しか造らないものだったのを、「蔵の中を一年中、冬にしてしまえばいい」との発想で、蔵内をいわば冷蔵庫にして一年中醸造できる状態にしたこと。

こうして生まれる酒は、最高級の山田錦オンリーで、すべてが高精白の純米大吟醸のみ。それでいて比較的お手頃な価格に設定したことで、人気に火がついたのです。

❖日本酒嫌いをも虜にする味の秘密

では、そのお味は？

いくつか銘柄がありますが、代表銘柄といえば「獺祭　純米大吟醸　磨き二割三分」でしょうか。山田錦を23％まで磨き醸した純米大吟醸です。

非常に透明度の高いクリアな外観。完熟のリンゴや洋ナシのような華やかでいて品格ある香り。口に含む第一印象は涼やかでなめらかで優しい甘さがあり、後味はすっと嫌味なくきれいですっきり軽快。日本酒に慣れていない人や重い味わいが苦手という方には、もってこいのライトバランスです。

心地いい華やかさがあるので香りも一緒に楽しむにはワイングラスがいいでしょう。ワインに慣れた外国人にもばっちり受け入れられるはずです。

「新政」は失われた味を現代に蘇らせた

一方、「新政」。

幕末嘉永五年（1852年）、初代佐藤卯兵衛により秋田で創業した名門蔵で、五代卯三郎の時代には、今や新政の顔とも言える「六号酵母（きょうかい6号＝新政酵母）」を世に送り出しました。

この6号は、それ以前に使われていた酵母（1号～5号）を凌駕し、戦中戦後の清酒業界を支えた優れもの。しかし、その穏やかな香りが戦後の流行とは相容れず、いつのまにか鑑評の表舞台から姿を消すこととなったのです。

そんな〝過去の〟酵母を現代に蘇らせ、新政復活の旗印となったのが、東大卒のエリートにして現社長の八代目佐藤祐輔氏。一時は心理学者を目指したというユニークな経歴を持つ祐輔氏が目指したのは、新しいようで実は昔に戻る製造手法の見直しでした。

この温故知新の精神こそ、同時代の先頭をともに走る獺祭との大きな違いです。新しい手法ではなくむしろ昔に立ち返ること。天然の乳酸菌を取り込む生酛造りや木桶仕込みなど、6号酵母が生まれた時代の酒造りの良さを活かしつつも、現代流にアレンジし、自分が美味しいと思う酒造りにまい進したのです。

実際、八代目が生み出した商品はかなり印象的です。まずラベルは一見して日本酒とは思えない独特のデザイン。味わいも甘味と酸味が際立ち、ワインのような口当たりです。なかには焼酎を造る麹である白麹で仕込んだ清酒もあります。

古さの中から生まれた新しい味わい

そんな新政ですが、どう楽しめばいいのでしょうか。

様々な商品がありますが、メインアイテムは「純米酒　生成《エクリュ》りこまち」です。まるでワインボトルのようなラベル。グラスに注ぐときれいな輝きのある透明感。完熟の白桃のような華やかながら、落ち着きがある心地いい甘い香り。

口に含むとなめらかですが、ほんの少しシュワシュワと微発泡を感じるためとてもフレッシュです。さらに、中盤にはやさしい酸味が感じられ、後味ははかないくらいすっと消えていく――この味わいは間違いなく女性にも、日本酒を飲み慣れていない若い人にも、日本酒って美味しいんだと思わせてくれる商品設計だと感じます。

「金賞狙い」の日本酒から「飲んで美味しい」日本酒へ

「獺祭」にしても「新政」にしても、両者ともに、昔の日本酒が持つ「べたっと甘く、変な匂いがして、二日酔いしそう」といった偏見混じりのイメージを一変してくれる、まさしく新時代の味。

また、先ほど書きましたが、新政に代表されるように、若い造り手は「大吟醸」や「純米吟醸」などという精米歩合に関しての特定名称は必要ないと感じているようです。これは飲み手である私も賛成。米を削ろうが削るまいが関係ない。削ったからエライ、削ったから美味しいとは限りませんし、飲み手にはそもそもよくわかりませんから。知りたいのはどういう香りで、どういう味なのかです。

また、全国新酒鑑評会への出品を控える蔵も出てきました。前述しました通り、ここで認められる金賞は、「YK35」に代表される独特の手法で特別に醸された、華やかさと甘さ重視の酒です。実際に食事と合わせて飲むには少々疲れるもの。ならば、いっそ金賞などにはこだわらず、消費者に喜ばれる、飲んで美味しい酒を造ろうと考え始める造り手が出てきたのです。

その土地でしか生み出せない味――「地酒」の魅力

鑑評会で高得点になるような大吟醸ばかりでなく、全国津々浦々に、伝統的な、また新しいスタイルの日本酒がどんどん生まれています。

自分の生まれ故郷の地酒はおのずと自慢したくなりますし、旅で訪れた時に飲んだ味が忘れられないこともあります。

実は、同じ米と水から造ったはずの日本酒でも、不思議なことに造る場所によってその個性が微妙に、ときには明確に違ってきます。これこそが「地酒」の大きな魅力なのです。

では、なぜ、こうした違いが出るのでしょうか。

地酒の味を決める3つの要素

地酒の味を決める要素は３つあります。

ひとつは「水」。日本酒の8割は水でできています。水の味がその土地の地酒の味を決めるのは言わずもがなです。ちなみに、ミネラル分の少ない軟水から造られる酒は、優しくなめらかで女性的な味わいになります。逆にミネラル分の多い硬水から造られる酒は、しっかり骨太で飲みごたえある味わいになります。

次に「気候風土」。雪の多い冷涼な気候風土ならば淡麗な酒が。温暖な気候風土ならば濃純な酒ができます。

では、最後の1つはなんでしょう。米でしょうか？　いいえ、違います。米は地元のものでなくとも買ってこられるため、今や、全国どこでも、最高の山田錦を、最良産地といわれる兵庫県から購入して酒造りを行っています。ゆえに米は、味の違いを生む要因にはなりません。

答えは「郷土料理」です。

長い歴史の中で、脈々と食べ継がれてきたその土地ならではの食。これと地酒とは密接な関係にあります。たとえば、名酒の里・新潟。雪国であり軟水の地域であり、さらには目の前の日本海からは淡い甘味のある甘海老や繊細な白身魚が獲れる土地柄。おのずと淡麗で水の如し軽快な酒が好まれたのです。

一方、海のない滋賀や岐阜では味噌や醤油、塩に砂糖をたっぷりと使用した保存食が伝統です。これに合わせて地酒も濃純なものが好まれました。

地酒の味は「水」「気候風土」そして「郷土料理」が決めることをお分かりいただけたでしょうか。もちろん細かい違いはあると思いますし、トレンド重視で造られる酒はこれに準じません。しかし、大枠の目安にはなりますので地酒選びにお役立ていただければと思います。

違いを楽しむ「日本全国・地酒味わいマップ」

このように、その土地その土地の特色から、地酒には他にはない個性が生まれます。

こうした個性＝全国各地の地酒の味わいの違いを一覧にまとめましたので、ぜひ日本酒選びに役立ててください。

◎北海道
極寒でつくる超寒仕込みの地酒は、すっきり爽快、クリーンでさっぱり軽快な味わい

◎北東北
味噌や醤油を多用するしっかりとした味付けの料理が多く、それに合わせた濃厚で旨味と甘味のある、どっしり飲みごたえある味わい

◎南東北・海岸側
新鮮で豊富な魚介に合わせ、甘味と旨味がありながらも、すっきりさわやかな新鮮さを併せ持つタイプ

◎南東北・内陸部
比較的濃い味わいとなる保存食文化に合わせ、やや濃厚で凝縮感と飲みごたえがあるタイプ

◎関東
江戸・関東の醤油文化に合わせて濃いめの味。また、関東に流れる「硬水」による仕込みから、骨格のはっきりしたボディのある味わい

◎新潟県
雪国の寒仕込みと軟水仕込みが特徴で、良質な米と水を原料にした、みずみずしい淡麗辛口タイプの代表格。まさに「水の如し」飲めるお酒

◎石川県
京の食文化が源流にありながらも、甘く濃い味付けの料理に親しんできた土地柄。そうした味つけに合うように、しっかり濃醇で奥深い味わい

◎東海
日本酒造りの地としては温暖な土地ながら、清らかな超軟水仕込みと技術力で勝負の華やかタイプ

◎長野県・岐阜県・滋賀県など中央日本
保存食文化圏で、味わいの濃い食文化にあわせ、濃醇うま口タイプ。山岳部は寒仕込みで淡麗タイプも

◎京都府（伏見）
保存食も多く、手の込んだ京料理に合わせ、さらには軟水の影響からも、甘くなめらかな味わい。しなやかな「女酒」の代表とも称される

◎兵庫県（灘）
「宮水」と呼ばれる硬水で仕込むことと、樽詰めして関東へ送り出す「くだり酒」の歴史から、醤油文化である江戸人好みのしっかり芯のある辛口タイプ。からりとした「男酒」と呼ばれる

◎日本海・山陰
魚介食文化ながら、硬水仕込みで男性的なしっかりとした骨格を感じる濃醇辛口タイプ

◎瀬戸内海沿岸
軟水仕込みと、新鮮で軽やかな味わいの小魚料理に合わせ、甘くなめらかな味わい

◎太平洋沿岸・高知県
軟水仕込みと豪快で新鮮さ満点の魚料理に合わせ、淡麗辛口。さらさらと量を飲めるタイプ

◎九州北部・中部
西南日本ながら比較的冷涼な土地でつくられ、みずみずしさと甘さ、旨味、華やかさが同居したバランスのいいタイプ

生酛に山廃…〝昔ながら〟の造りだとどう変わる？

日本酒のラベルに「生酛《きもと》」や「山廃《やまはい》」と書かれた銘柄を見かけたことはないでしょうか。これらは2つとも日本酒の製造方法の名前です。それぞれ特別な味わいを持っていますが、どんなところが違うのでしょうか。その製造方法から探ってみましょう。

清酒造りには糖をアルコールに変える酵母が必要ですが、その酵母造りには乳酸菌が不可欠。昔は、半切桶《はんぎりおけ》と呼ばれるタライのような入れ物に、蒸し米と麹米と水を入れ、櫂棒《かい》とよばれる長い棒で練ったり擦ったりすることで、自然の乳酸菌を繁殖させて利用していました。この手順を〝山卸《やまおろ》し〟と呼びます。

この山卸しの作業を繰り返し、乳酸菌が徐々に増えたら、タンクに移し、さらに蒸し米と麹米と水を加え、温めたり冷やしたりしながら元気な酵母を乳酸菌の力を借りながら育て上げます。この作業は、プロの技と経験、そして大変な手間ひまがかかりますが、自然に生まれた乳酸菌たっぷりの酒母は、いい酒造りに欠かせないものとされています。こうした昔ながらの製法を「生酛造り」といいます。

しかし、明治時代に入ると、近代的な産業技術が導入され、手間のかかる山卸しなしでも乳酸菌とともに元気な酵母を繁殖させることができるとわかってきたのです。

こうした、「山卸し」を行わない＝「廃止」した造りということで、「山卸廃止酛《やまおろしはいしもと》」と名づけられ、これを略して「山廃」と呼ぶようになりました。つまり山廃は、伝統の技「生酛」から派生し、簡略化した近代手法というわけです。

とは言え、生酛や山廃で造られるお酒は全体の1割程度。残りの9割は近代的な「速醸酛《そくじょうもと》」という手法で造られています。天然の乳酸菌ではなく人工培養された乳酸菌を添加する方法で、生酛に比べるとやや淡麗ですっきりとした味に仕上がります。

ただ、最近の新しい造り手や若い蔵元の中には、昔ながらの造り方に魅力を感じ、速醸ではなく生酛や山廃に回顧していく傾向も強いようです。

軽快ながらも余韻も残る「生酛」の味わい

生酛造りでつくられた清酒は、すっきりときれいな味わいのなかにも、コクや旨味、長く心地いい後味、ときにはヨーグルトのようなまろやかな酸味も感じられ、奥ゆきのある立体的な味わいになります。日本酒ファンの中には生酛の酒は濃いと思われている方もいらっしゃるようですが、それは間違い。生酛だから濃いわけではありません。むしろ生酛の酒は軽快な仕上がりになります。ただし中盤から後味にかけての押し味はしっかりとある。それが生酛造りの酒の特徴です。

熟成濃厚タイプが多い「山廃」の味わい

一方、山廃はというと、生酛の弟分ともいえる手法ゆえに、その味わいは、「生酛」に似ています。ただ、不思議なことに市場には、お兄さん格の生酛より、色が濃く山吹色をしたものや、香りも味もぐっと熟成した濃厚タイプが多いのです。これはなぜか。

実は、山廃造りに特化した蔵が自身の哲学で山廃はより熟成させた方が美味しいと判断し、その考えへの追従者も多かったことから、自然と山廃＝濃いお酒・熟成させるお酒となったのです。しかし、非常に軽快な山廃酒も当然あります。ぜひお見知りおきを。

ツウをもうならせるスパークリングの底力

シュワシュワと泡立つ日本酒＝発泡清酒が今、大変な人気を集めています。細長いシャンパングラスで飲めばとってもおしゃれ。日本酒初心者や日本酒に興味がない人にも好まれる味わいで海外でも注目度アップです。

そもそも発泡清酒とは、どういったものなのでしょうか。説明しましょう。

発泡清酒は、以下の３タイプに大きく分かれます。

１ できたての日本酒で、微妙に炭酸ガスが残っているタイプ
２ 炭酸ガスを注入したタイプ
３ 瓶内で二次発酵（シャンパーニュ方式）させ、自然に炭酸ガスを生み出すタイプ

１のタイプは、昔からあるものです。できたてのお酒というのは、まだ発酵が続いていて、アルコールで生成された二酸化炭素（炭酸ガス）が残っており、口に入れるとピリピリとした刺激が感じられるものです。

このタイプはにごり酒が大半ですが、一部透明なものもあります。できたて、しぼりたての新鮮なイメージとその刺激があいまって、とてもフレッシュで爽快な味わいです。ナ

チュラルで優しく新鮮な風味が魅力です。

2のタイプは、シャンパンやスパークリングワインを真似して造られたタイプです。比較的力強い泡で清涼飲料水のように楽しめます。「じゃんぱん」（蒲酒造）や最近大人気の「澪」（宝酒造）などが、代表的な銘柄です。お手頃に楽しめるところが魅力でしょう。

3のタイプは、昨今の発泡清酒人気を牽引しています。まだ発酵が終了していないもろみ、もしくは、発酵終了後のもろみに生きた酵母を混ぜて瓶詰めし、瓶の中でさらに発酵を続けることによって、アルコールと二酸化炭素を生み出す方法です。これは、シャンパーニュ方式とよばれるもので、自然の泡ゆえに、キメ細かくなめらかでクリーミーな舌触りが魅力です。なにより品格があり、宴席での乾杯にも向きます。

代表的な銘柄には、「すず音」（一ノ蔵）、「獺祭　発泡にごり」（旭酒造）、「ＭＩＺＵＢＡＳＨＯ　ＰＵＲＥ」（永井酒造）などがあります。

マリアージュまで楽しめる日本酒×料理の鉄則

これまでも何度となく取り上げていますが、料理とお酒の美味しい組み合わせ黄金ルールには、以下の４つがあります。

１ 同調／相乗効果／ハーモニー
２ 第３の味が生まれるマリアージュ
３ 料理が美味しくなる
４ お酒が美味しくなる

そして、日本酒の世界ではこれまで、３と４しかなかった…と、ここまでは前述しましたね。しかし、ワインの世界の概念である「同調」や「マリアージュ」は、日本酒でも体験できます。そんな実例をご紹介しましょう。

❖「同調」を体験できる組み合わせとは？

大吟醸酒や吟醸酒など、フルーティーで華やかな香りと甘味を持つ日本酒には、やはりフルーティーなフレーヴァーのある料理が同調します。例えば、ゆずをしぼった白身魚のお刺身、フレッシュトマトのサラダなどです。柑橘風味を足したり華やかな香りのある野菜やソースを使ったり、ナチュラルな甘さのある料理がきれいなハーモニーを奏でてくれるのです。さらに、意外かもしれませんが、バナナやりんご、いちごなど、フルーツそのものとも実はきれいに同調し、驚くほど美味しいですよ。

生系や本醸造酒など、すっきりあっさりとした軽いタイプの日本酒なら、同じく個性の強くない素材が同調します。例えば、お豆腐、湯葉、山菜、大根、海藻、酢のものなど。ジュンサイのような非常に淡い味わいを壊さないのがこのお酒です。

お刺身なら、イカやタコ、貝類などが合います。そばも素敵な同調です。サラダなどの野菜料理やおひたしも、ハーブのような風味と軽快さのある日本酒なら見事に同調します。

生酛造りや山廃、純米酒といった伝統的な日本酒のコクと飲みごたえには、同じくしっかり濃厚な料理が同調します。例えば、赤身魚や光物などのお刺身。脂の乗った魚の焼きものや煮もの。グラタンやピザなどチーズやクリームを使った料理。鶏肉、豚肉、牛肉など肉料理も全般にしっかりした味わいどうしで無理なく同調します。

古酒などの個性派タイプは、料理も個性派で同調し、味わいを引き立て合います。まずはチーズ。これはクセのあるタイプのほうがお勧めです。からすみなどの高級珍味も、濃縮具合と少しの苦味がいいバランス。山椒をふったうなぎ蒲焼や濃厚な豚の角煮、スパイスの効いた中国料理も素敵な同調です。甘口の古酒なら、チョコレートや栗を使ったスイーツ、さらには和スイーツと合わせるのもお勧め。

日本酒で「第3の味のマリアージュ」、さてどうする？

お酒と料理、まったく別の個性にもかかわらず口の中で一緒になると不思議に別の美味しさが生まれるなどというのはなかなか経験できないものかもしれません。

お酒ではありませんが、たとえば前述した「生ハム&メロン」。ねっとりと熟成した塩分と旨味のある生ハムにジャムのごとく完熟したメロンを合わせると何とも言えない別の美味しさが生まれます。もっと簡単に言えば、スイカに塩。ぜんざいに塩昆布。第3の味わいとはまさにこういうことです。

日本酒で第3の味を楽しめる組み合わせとなると「甘口古酒×ブルーチーズ」がお勧め。青カビがたっぷり詰まった「ゴルゴンゾラ・ピカンテ」やクリーミーで品のある「スティルトン」などとは、極上のマリアージュを体験できるはずです。

意外なところでは、「辛口純米酒×和スイーツ」。あんこの和菓子や栗きんとん…といったねっとり濃厚に甘い和菓子と辛口純米酒を組み合わせると、驚きのマリアージュが味わえます。不思議な美味しさが生まれ、日本酒の概念が変わるはずです。

「同調」と「マリアージュ」の概念を取り入れると、今までには無かった新しい組み合わせが多数考えられます。日本酒の新たな楽しさも広がるのではないでしょうか。

〝かつてない個性〟が凝縮された新時代の3本

さて、日本酒編の締めとして、気鋭の若手杜氏が造る人気のお酒を紹介しましょう。日本酒初心者の方にもお勧めできる味わいです。

1クラシック 仙禽 亀の尾50/仙禽酒造(栃木県)

文化3(1806)年創業。経営不振の状況を立て直したのは、11代目の薄井一樹社長と弟の仙禽ブラザーズ。画一化した淡麗辛口の味わいではなく、伝統手法を使い、濃醇でワインのような酸を持つインパクトのある味わい造りにシフト。これが受け、コアなファンに支持されています。

2羽根屋 純米吟醸/富美菊酒造(富山県)

大正年間に創業。蔵元杜氏である羽根敬喜さんが、奥様をはじめ少人数で、すべて吟醸造りで丁寧に醸します。年間を通じて酒造りを行う四季醸造もあたらしい。華やかながら透明感と深みのあるバランスのいい味わいが人気。

3澤屋まつもと 純米酒 守破離/澤屋まつもと(京都府)

寛政3年(1791年)創業。〝守破離〟をコンセプトに、伝統を継承しつつ新たな味わい造りにまい進する蔵。みずみずしさと深い旨味は食事にも飽きない味わい。フレッシュさもある名品として人気。

第4章

【ビールの新常識】
「2杯目」からもウマいが続くクラフト学

＼ 3分でわかる! ／

最高の1杯に出会うための「ビール」入門

最近話題の「クラフトビール」押さえておきたいキホンの4種+α

ピルスナー

黄金色をしたチェコ生まれのビール。日本の大手メーカーが作っているのもほとんどこのタイプ。麦芽の旨味があり、喉越しもよく、ドライでキレがいい。ビール好きの日本人なら誰でも抵抗なく受け入れられる味。

エール

イギリス発祥の、伝統的な上面発酵酵母を使用したタイプ。ペールエールはゴールド系でピルスナーに似ているが、比較的泡が少なく、より濃厚でフルーティー。特有の旨味をゆっくり味わうように飲みたいタイプ。

◎IPA（インディアン・ペールエール）
ホップを大量に使用したことからくる凄まじい苦さが特徴の、エールの仲間。その苦味を少しずつ、じっくり味わうのが正解。

ヴァイツェン

爽やかな酸味とフルーティーな味わいが特徴のドイツ生まれのビール。「白ビール」とも呼ばれる。白ワイン的な楽しみ方がお勧め。

スタウト

いわゆる「黒ビール」。アイルランド発祥。「スタウト（＝強い）」という言葉通り、ぎゅっと濃縮した味わいが特徴。スモーキーさとクリーミーさも楽しめる。

飲みたい1本・好きな味がわかる！
「ビール」の味わいチャート

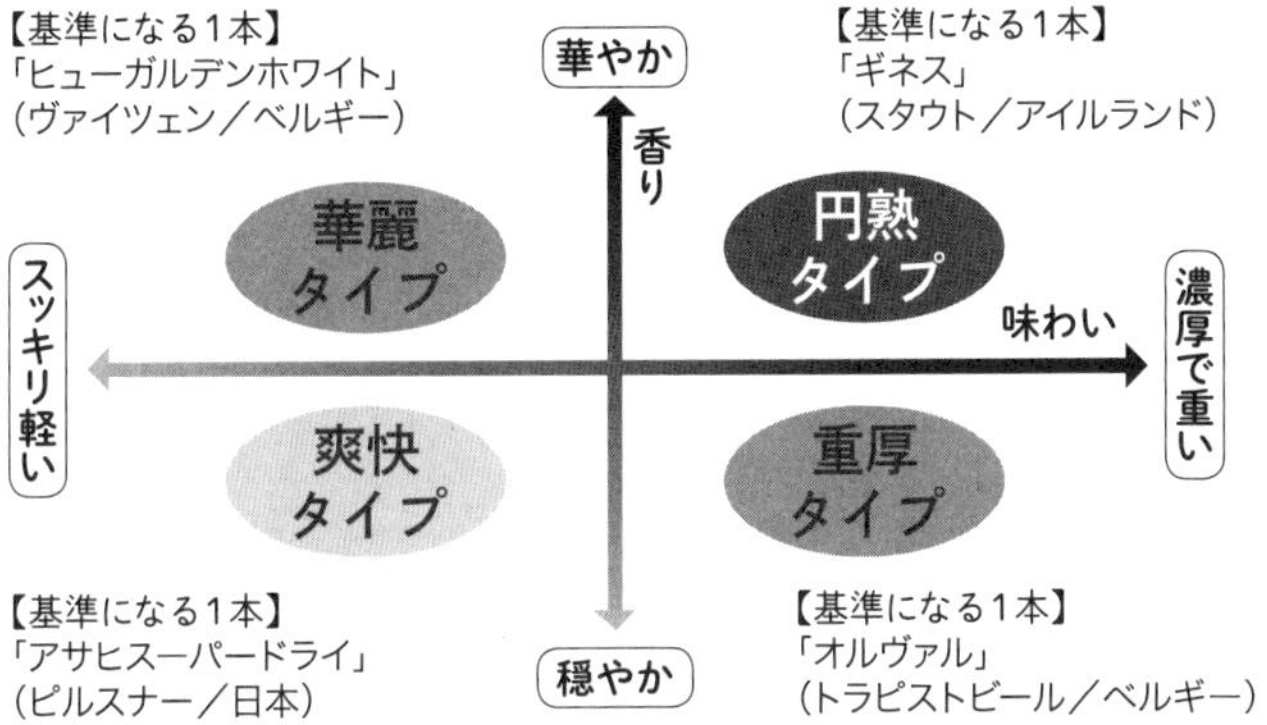

「華麗」タイプ

フルーティーな味わいと華やかな香りが最大の特徴のビール。ヴァイツェンなどが含まれる。

◎オススメの銘柄
「サンクトガーレン　湘南ゴールド」
（日本／フルーツビール）

「円熟」タイプ

濃厚な味わいと豊かな香りを備えたタイプのビール。「黒ビール」などが含まれる。

◎オススメの銘柄
「ゴールデンエール」
（ベルギー／エールビール）

「爽快」タイプ

軽快でシュワっと爽やかな、喉の渇きを潤すにはピッタリのビール。色は淡く、アルコール度数も１～６度と低めが多い。

◎オススメの銘柄
「コロナ」（メキシコ／ライトビール）、
「青島ビール」（中国／ライトビール）

「重厚」タイプ

どっしりと非常に濃厚な味わいが特徴のビール。日本のビールのようにゴクゴクではなく、一口ずつ味わう楽しみ方をする。

◎オススメの銘柄
「シメイ・ブルー」
（ベルギー／トラピストビール）

ビールをじっくり味わう〝新時代〟が来た！

熱いお風呂に入って体中から汗を出し尽くし、カラカラになった喉に、黄金色のキンキンに冷えた一杯を、グラスからグビ、グビ、グビ…と一気に流しこむ。ビールの楽しみ方といえば、真っ先に思い浮かぶのはこんな光景ではないでしょうか。

日本に住む私たちは、ビールといえば、「冷やして」「グビグビ飲む」お酒だと当たり前のように思っていますが、実は日本に出回っているおなじみのビールの姿と、世界各国で親しまれているビールは少し違います。

例えば、本場ドイツのビールは、麦芽の旨味とホップの苦味、コクを楽しむもので、日本のようにゴクゴクとは飲まず、じっくりと味わうように飲まれることが多いのです。

最近日本でも催されるようになったドイツビールの祭典、オクトーバーフェストでさえ、実はあまり冷しません。祭典の地、ミュンヘンのビールは比較的軽快で喉ごし爽やかなタイプです。そのうえ、収穫の秋を祝うため陽気に騒ぎグビグビ飲みますが、それでも日本のようにキンキンに冷やしたりはしません。

また、ベルギーの修道院ビールやレッドビールなどは深い味わいが魅力で、ワイングラスのようなタイプに注いで、香りをじっくり堪能します。また、イギリスのエールやアイルランドのスタウトも麦芽のコクをゆっくり味わうもの。

このように、ビールの伝統あるヨーロッパ各国では、日本のようにゴクゴク飲む習慣は、ほとんど見かけません。

いや、そもそも、ビールをキンキンに冷やして飲むのは、実は日本だけともいえるのです。

日本人だけが「キンキンに」冷やすにはワケがある

ビールというとキンキンに冷やしたものをグビッと飲み、キレのある喉越しの心地よさと麦芽の旨味を同時に味わいながら、プハーッとひと息——。こうした飲み方がここまで浸透しているのは、世界広しといえど日本だけ、といっていいでしょう。

もっともアメリカのバドワイザーなどは、さらっとした軽快な味わいが特徴で、こちらも冷やしたものをごくごく飲みますが、あれはビールとは別格と考えた方がわかりやすい。どちらかというと、サイダーやコーラなどの清涼飲料水に近い感覚で飲まれているものです。

また、香港、台湾、シンガポールなどでも最近は冷たいビールが出てきますが、こちらは日本の習慣がそのまま流れ込んだもの。日本人が訪れて「冷たいビールを出せ!!」と要求したものだから、その習慣が広まったというわけです。


では、なぜ日本だけが、ビールをキンキンに冷やして飲むのでしょうか。

これには、夏は暑く湿度も高いという、日本の気候風土が関係しています。こうした気候風土から日本では冷たく清々しい飲み物が好まれ、お酒に限らずドリンク類は冷やしてグビグビ飲む習慣が定着しているのです。

そんなニーズから、日本では、ビールも「喉の渇きを爽やかに癒す」という点が何より重視され、キンキンに冷やして飲むためのビールが長い間の研究と開発で生み出されています。喉越しが良くゴクゴク飲めるのに、麦芽の旨味とコクがしっかり感じられ、後味はすっきり…といったバランスは日本産ビールの大きな魅力でしょう。

というわけで、本場ドイツや蒼々たるビール大国のお酒飲みたちが、実は冷たいビールを飲んでいないからといって、「冷たいビールをグイッと飲むのは邪道」などと早合点はしないでください。日本の大手ビールは、冷たくしてグイッと飲むためにつくられているのだから、冷やして飲むのこそが大正解です。

もちろん、今では世界各国のビールも手に入りやすくなりましたし、日本のクラフトビール界でも、じっくり味わうタイプや個性的な香味を楽しむタイプなど、さまざまなビールが登場しています。これからは、あまり冷やさずに濃厚な味をじっくり味わったり、ワイングラスに少しずつ注いで香りを堪能したりと、新しい楽しみ方で飲むビールが増えることでしょう。

「ビールはキンキンに冷やして飲むもの」といった固定観念もときには捨てて、多彩な楽しみ方を試せる時代が、今や到来しているのです。

ビールを台無しにする〝ガラパゴス〟なある風習

日本のビールは冷やして飲むのが大正解、と前項で書きましたが、一方で、「そこまで冷やす必要ある?」と物言いをつけたくなるような光景もよく目にします。

例えば、氷点下で提供するフローズンビール。あそこまで冷たくしたら、麦芽の味もコクもわからないだろうに。それにお腹が痛くなりそう…などとお腹の弱い私は思っちゃいます。みなさん、いかがですか？

また、焼き肉店や居酒屋などでたまに見かけるのが、キンキンに凍らせた大ジョッキ。冷たさの演出だと思いますが、ビールを注ぐと表面の氷が解けて味が薄くなるし、飲み頃温度としても低すぎます。

同様に、小ぶりのビールグラスを冷やす、というのもＮＧ。冷やすと、どうしてもグラス内部に霜ができてビールが薄まってしまうからです。

グラスは冷やさず、ビール自体を冷やすというのが、日本のビールを美味しく飲むための鉄則。そして、ビールの適温は約５℃。冷蔵庫の温度が大体２～３℃程度ですから、冷蔵庫で一晩寝かせたビールを、常温のきれいなグラスに注ぐと、ベストな温度になるはずです。

そもそも日本のビールは、前述したように喉の渇きを癒すものですが、加えて、最近では大手ビールメーカー各社とも、味わいやコクについても重視するようになってきました。日本のお酒ファンたちのビールの飲み方が、それだけ成熟してきたためでしょう。

喉の渇きを癒し、キレのある喉越しを楽しむだけでなく、麦芽のコクと旨味、ホップの苦味と心地いい後味をしっかり感じられるビールが続々登場しています。いまや日本のビールは世界的に見ても相当にレベルが高く、世界各国で大人気です。日本のビールはどんどん進化しているのですから、これまでのように「とにかく冷たければいい」という考え方は、そろそろ卒業しましょう。

クラフトビールと地ビールは何が違う？

日本でもすっかり定着しつつある「クラフトビール」ではありますが、これって「地ビール」とは違うのでしょうか。

まず、クラフトビールの「クラフト」とは何でしょうか。これはずばり、英語で「手工芸品、民芸品、手工業品（＝craft）」の意味。クラフトビールとはつまり、ビール職人が技を生かし、手造りで丹精込めて醸造したビールのこと。大手ビール会社のビールとは異なり、職人が細かいところまで製造管理できる小規模な工房で生産されるのが、クラフトビールの特徴です。

発祥はアメリカ西海岸で、小規模ビール工房が流行の兆しを見せ始めた1970年代、当時は「マイクロ（小規模）ブルワリー」と呼ばれる工房で造られるビールが、のちの「クラフトビール」になったようです。

そんなアメリカのクラフトビールだけでなく、〝職人が小規模に造るビール〟といった意味合いでは、大昔から存在しているヨーロッパ各国の個性派ビールもクラフトビールの仲間と言って過言ではないでしょう。そうした世界の個性豊かなビールを、今や日本でもビール職人たちが積極的に学び、アメリカンスタイル、ヨーロピアンスタイル、さらには新しいジャパニーズスタイルのクラフトビールを次々と生み出しています。

「やっぱり大手」の地ビール、「大手もマネする」クラフトビール

この「クラフトビール」ですが、地ビールとは何が違うのでしょうか。

地ビールというと、「観光地のお土産ビール」といったイメージではないでしょうか。また、ビール好きのなかには、かつて地ビールを味わってみて、「甘い」「後味がヘン」など、ネガティブな印象を持っている人も多そうです。

では、地ビールとは何なのか。

１９９４年の酒税法改正で、ビール製造の最低数量が２０００キロリットルから60キロ

リットルへと緩和されたのが始まりです。これを機に、全国でビールの小規模メーカーが急増。その際、日本の大手ビールメーカー4社のビール商品に対して、小規模メーカーが造ったものは「地酒」ならぬ「地ビール」と呼ばれるようになったのです。

地方行政や地方の酒造メーカーは、町おこしには絶好のチャンスと考え、各地の観光地にいきなりビール工場が建ち、お土産売り場にずらりと地ビールが並ぶようになりました。しかし、残念ながら味わい造りの技術が伴わず、どの地方の地ビールも同じような味わいばかりに。本来なら、その土地ならでは、その造り手ならではの味わいでなければならない地ビールが、どの地方も似たような味わい、といった結果になってしまったわけです。加えて開発費や人件費がかかったことで、値段が高いものも多く、「これなら、大手ビールの方がいい」「やっぱりビールは、大手のものが美味しい」「ビール造りの技術は、大手にはかなわない」などという声が上がるようになってしまいます。まあ、それも無理のない話でしょう。

小規模メーカーの造る地ビールは厳しい状況に立たされましたが、一方でビール好きを愛する職人たちの魂は消えていませんでした。

地ビールの失敗を糧に、今度は自分好みの、自分流の、造り手の思い入れがギュッと詰まったビールを造ろう、と考えるビール職人たちがじわじわと増えてきたのです。

その後、技術もあり、経験もあり、何よりセンスがあるブルワリーが登場。一方で、日本のビール好き、酒飲みたちも成熟してきたことが、かつての地ビールブームとはまるで様相が異なる、昨今のクラフトビールブームの要因といえます。


単なる町おこし目的ではないクラフトビールが全国的に生まれてきたのは、本当に楽しい傾向です。また、驚くことに、大手ビール会社が「クラフトビールに学びたい」と、小さなクラフトビール会社を買収する、などといった前代未聞のことも起きました。

日本のビール市場は今、大きなうねりが起きていて今後ますます目が離せません。

クラフトビールを美味しく味わうためのキホン

今、大注目のクラフトビールですが、どういった楽しみ方ができるのでしょうか。

132ページでも簡単に解説しましたが、クラフトビールは、タイプがはっきりと分かれています。ただし、どのクラフトビールもほぼ共通して、〝ゴクゴク飲む〟というよりは、〝じっくり味わう〟のに向いている。そのあたりは、大手メーカーのビールとの棲み分けが自然にできているようですね。

ゆえに、大手メーカー各社のおなじみのビールはゴクゴク飲んで楽しみ、クラフトビールは、個性的なその味自体をゆっくり味わう、あるいは料理との組み合わせの妙を楽しむ、といった飲み方をするのがお勧めです。

また、クラフトビールはじっくり味わうものですから、大きなジョッキはNG。一口ずつ少量ずつ楽しむ、というのがキホンです。その上で、それぞれのクラフトビールの特徴と楽しみ方のポイントについて、簡単に説明しましょう。

○ピルスナー

日本の大手メーカーのビールは、ほぼこれに該当します。チェコ生まれの下面発酵酵母を使用したビールで、明るいゴールドカラーが何よりの特徴。麦芽の旨味があり、喉越しもよく、ドライでキレがいい。ビール好きの日本人なら誰でも抵抗なく受け入れられる味です。やや冷やしめをクイっとどうぞ。

○エール

発祥はイギリスで、伝統的な上面発酵酵母を使用したタイプ。クリーミーな泡がたつビールとはちがい、比較的泡が立たないところが特徴。ペールエールはゴールド系でピルスナーに似ていますが、より濃厚でフルーティー。ブラウンやアンバーは、褐色や濃褐色で、より濃厚で深い甘味や香ばしさがあります。エール特有の旨味をゆっくり味わうように飲みたいタイプです。

○IPA（インディアン・ペールエール）

エールの仲間。かつての大航海時代、インドに向けてイギリスなどが輸出したビール。当時、インドまで日持ちさせるために、ホップをたくさん使い、思いっきり苦くしたビールです。とにかく苦いので、まずゴクゴクとは飲めません。その苦味を少しずつ、じっくり味わってください。

○バーレーワイン

こちらもエールの仲間。イギリス発祥。ワインといってもビールですが、アルコールがワインと同じく12%ほどになります。色が濃く香りも強くかなりの飲み応えがあります。

○ヴァイツェン

「ヴァイツェン」はドイツ語で「小麦」という意味で、白ビールのことです。ドイツ発祥ですがベルギーでも人気の上面発酵タイプです。さわやかな酸味とフルーティーな味わいがあり、白ワイン的な楽しみ方がお勧め。酸味のあるビールというのは、日本では少し珍しいですが、慣れるごとにだんだん美味しく癖になるはず。

○スタウト

いわゆる「黒ビール」のこと。発祥はアイルランド。「スタウト」とは「強い」という意味。ローストした麦芽を使用する上面発酵タイプ。名前の通りぎゅっと濃縮した味わいですが、スモーキーさとクリーミーさでファンの心をつかんでいます。

○フルーツビール

チェリービールやフランボワーズビールなどが主流で、甘酸っぱくてフルーティーです。

苦味はほとんどなく、カクテルに近い味わいです。嫌味のないフルーティーさが持ち味で、美しい色の泡も大きな魅力。ビールが苦手な人にお勧めです。

○アルト

ドイツ、デュッセルドルフ発祥の上面発酵ビール。アルトとは「古い」という意味。赤褐色で濃厚タイプ。

○ケルシュ

ドイツ、ケルン発祥の上面発酵ビール。明るい色合いで小麦麦芽を使うことも。さっぱり軽快な味わいが特徴。

○デュンケル

ドイツ、ミュンヘン発祥。色は濃厚ですが、下面発酵で造られます。華やかな香りで比較的スッキリと楽しめるビール。

今、大注目の3つのクラフトビール・メーカー

今、最も飲んでほしいお勧めのクラフトビールをご紹介。

1 コエドビール

「とりあえずビール」でもなく「観光用の地ビール」でもない、地元川越の麦やサツマイモを使い、ドイツの技法を取り入れ、職人の魂を込めたビール造りから生まれるのが、コエドビールが造るその名も「ＣＯＥＤＯ」。日本人はもとより外国人にも高く評価され、人気急上昇中。

2 ヤッホーブルーイング

信州軽井沢でリゾートホテル開発を手がけている星野リゾートが運営を始めた、クラフトビール工房。ビールというよりエール専門ともいえるメーカーです。本格スタイルのエールや濃厚な黒ビール、うなるほど苦いＩＰＡ「インドの青鬼」など、ユニークな味わい

造りにも定評あり。コンセプトの「知的な変わり者」は秀逸です。

3 サンクトガーレン

サンフランシスコで飲食店経営をしていた先代の影響で、地ビールの美味しさを体感していた現オーナーが生涯をかけて始めたブルワリー。原料の味が生きたスタンダード商品のほか、チョコレートスタウトや、フルーツやデザートのようなスイーツビールも注目。ビールの奥深さと間口の広さのどちらも、体験させてくれます。

鍋料理とビールの美味しい組み合わせ考

冬になると恋しくなる鍋料理。鍋料理に合わせるお酒といえば、やっぱり日本酒？　もしくは本格焼酎？　いやいや、ハイボールも意外と合うし、ワインも外せない…と、好みが分かれるところです。

でも、ちょっと待って。考えてみると、「鍋料理にはやっぱりビール！」という声は、あまり聞きませんよね。

そもそも、ビールは喉の渇きを潤すもので、「あの料理と合わせてこのビールを味わいましょ」とは、あまりならいないもの。ましてや鍋料理となると、「絶対ビール！」となることは少ないような気がします。ですが、クラフトビールの盛り上がりなどによって味の選択肢が広がりつつある今日この頃…せっかくならビールと料理の組み合わせも堪能したいですよね。

そこで、ビール好きさんのために、おなじみの鍋料理9種に合うビールについて考えてみましょう。

○湯豆腐

繊細な味わいの湯豆腐。豆腐の自然な甘味と合わせるなら、麦芽風味の国産ピルスナー系ビール、もしくは軽快な発泡酒もよさそうです。あまり冷やしすぎずに。

○海鮮系だしベース鍋（ちり鍋など）

魚介の出汁をきかせ、ポン酢などをつけて食べる鍋。魚介の出汁とのバランスがいいのは、これこそまぎれもなく心地いい酸味のある国産ピルスナー系ビール。少しの苦味が料理の味わいや生臭みを消してくれます。

○海鮮系味噌ベース鍋（土手鍋）

出汁と共に煮る味噌は、濃厚でほのかな苦味が。この味には、ぐっと濃厚な茶色系や黒系ビールが相乗効果でマッチします。深い味わいのハーモニーが魅力です。苦味に舌が疲れたら、甘味のあるビールを合わせてもよさそう。いや、次は日本酒に行くべきかな。

○鶏鍋（水炊き）

あっさりとした味わいに淡白なコクが美味しい鶏鍋。ポン酢につけていただきますが、適度な旨味と爽快さの両方を併せ持つバランスのいいビールが合いそうです。通常のビールと黒ビールを混ぜるハーフ＆ハーフはいかがでしょう。ほのかな苦味が鶏の脂分を洗い流してくれます。

○しゃぶしゃぶ（豚しゃぶ、牛しゃぶ）

しゃぶしゃぶは、肉の脂身の甘さがポイント。薄い味わいのビールでは、負けてしまいます。麦芽をたっぷり使用したブラウン系ビールはお肉の甘さや香ばしさを引き出してくれます。ごまダレを添えるなら、香ばしさの相乗効果を狙って、黒系ビールでも◎。

○すき焼き（牛鍋、鶏すき）

お酒との組み合わせが最も難しいのがコレ。脂分があるし、砂糖やみりん由来の甘味がプラスされ、おまけに卵までつけちゃうので味がかなり複雑。お酒より、むしろご飯と合わせたくなるのが、すき焼きなのです。味の濃さとバランスをとるなら、茶色系や黒系のビールです。ベルギーのトラピストビールなどいかがでしょう。逆に口の中を洗い流し、口の中をすっきりさせる役割を期待するなら、ぐっと軽く、ドライ系の国産ビールを合わせるのもテです。

○おでん（ポトフ）

和ならばおでん、洋ならポトフ。さまざまな具材が入った鍋料理ですが、基本は練り物の旨味と甘味、ソーセージやベーコンのスモーキーさがポイントです。酸味の強いビールはケンカしますし、軽めのビールでは負けてしまいますので、スタウト系の香ばしさと甘さのあるビールがお勧めです。ソーセージやベーコンとは、スモーキーさの相乗効果も楽しめます。お手軽な屋台のおでんやコンビニおでんなら、カジュアルに発泡酒やビール系飲料が俄然合います。

○チーズフォンデュ

熱々のチーズフォンデュに冷たいビール、実はご法度といわれています。理由は、冷たいビールのせいで胃の中のチーズが固まってしまうから。でも、冷たすぎないビールをゆっくり飲むなら、心配なし。それならやはり、ドイツやベルギー、イギリスの濃厚タイプをちびちびと行きましょう。チーズの濃厚な味わいを洗い流し、スッキリと楽しめるので、なかなかの好相性です。

○チゲ

激辛の鍋料理は、これまたお酒は合わせにくい！　特にビールは、不思議に苦く感じてしまいます。それならばフルーツビールを合わせるのが友田流です。木いちごやサクランボビールは、酸味や甘味、きめ細かい泡が舌の辛味を流し、旨味を引き立ててくれます。

甘いお酒と韓国料理の組み合わせはベストマッチです。

9種の鍋料理とビールの相性を考えてみましたが、ポイントは「鍋との同調効果」か「洗い流し効果」のどちらかに絞る点。ここを念頭におけば、美味しく楽しい組み合わせが可能です。ただし、熱々の鍋料理に、あまりにも冷え冷えのビールは合わないことも多いです。鍋料理にビールを合わせるのなら、最初の1杯ではなく、途中まで食べて体がホカホカ、汗をかいたところで冷たいのをクッといく、というのもいいかもしれませんね。

寒い日にはほっこり香ばしい〝お燗〟を

適度に冷えたビールをグビッといく。爽やかな喉越しを楽しむ。これがビールの醍醐味《だいごみ》です。とはいえ、寒い季節に冷たいものは、あまり飲みたくないものですよね。

そんなときには、温かいビールはいかがでしょう。

驚くかもしれませんが、「ホットビール」という飲み方があるのです。ヨーロッパ、特に冬の寒さが厳しいドイツやベルギー、北欧などで特に親しまれている飲み方で、なかでも人気なのは、甘味と酸味のあるフルーツビールで作る一杯。ワインのような味わいなので、ホットワイン感覚で飲まれているようです。

そして、なんと日本にも「お燗ビール」を提供するお店があるのです。比較的個性派で濃厚タイプのビールをお燗にしているようです。

このお燗ビール、私も試してみたところ、なんと美味しくてびっくり！

試したのは、モルトもホップも多めのベルギー産ゴールデンエール。温め方は、ミルクパンに注いでそのまま弱火の直火へ。温度が上がってくると、きめ細かい泡がどんどん増えて膨らんできます。沸騰直前まで温めたら、それを耐熱グラスに注いでできあがり。さて、お味はというと…

○まるで焼きたてのトーストのような香ばしさ

モルトの使用量が多いビールのせいか、濃厚な麦茶のような、焼きたてのビスケットやトーストのような、実に香ばしい味わいでした。さらにホップもまるでハーブのように華やかに香ります。ハーブティーやコーン茶がお好きな方にはお勧めですよ。

○意外なことに、苦味が気にならない

苦味がどうなるかが少し心配でしたが、意外なことにさほど苦くありません。ホップの強いビールを使ったけれど、温めたことで苦味がやわらいだようです。濃いめのお茶を飲み慣れている人には、違和感なく好まれそうな味わい。ホットワインも渋味のある赤ワインの方が美味しいように、苦味のあるビールのほうが合っているのかもしれません。

○濃厚タイプより、苦味タイプ、ドライタイプが美味しい

お燗ビールというと何となく、黒ビールやブラウンビールなど濃厚系のビールが美味しそうなイメージでしたが、ゴールデンエールタイプを温めてみてわかったのが、苦味があってドライな味わいのビールの方がお燗にすると軽快に楽しめるようです。

○甘味や酸味をプラスするといい

甘味や酸味がプラスされると、いっそう美味しい味わいになります。例えば、蜂蜜やシロップ、黒砂糖。ゆず、すだち、レモン、みかんなどを加えてみましょう。苦味の強い紅茶に砂糖やレモンを足すのと同じ感覚です。

○温度は、60℃程度がいい

ホットビールは、一度軽く沸騰させるくらいの温度がちょうどいいようです。湯気が出て、フーフーしながら飲むくらいが美味しい。グラスよりはマグカップが正解。ハーブティーのような飲み方が似合います。

ビールが一番美味しくなるグラス選び

お酒を飲む上で、酒器にも気を配りたいもの。そのお酒にぴったりの酒器で飲むと、味わいも大きく変わってきます。

では、ビールに合った酒器はというと、とにもかくにも無色透明のグラスが断然オススメ。きめこまやかな泡が立つ、などというメリットで陶器のビールグラスを使うことがありますが、私は、あれには否定派です。陶器ではせっかくの美しいビールの色合いが見えず、何を飲んでいるかわからないですから。

もっとも、ビールの本場ドイツなどでは、クルーグと呼ばれる陶器のジョッキや蓋付きの陶器ジョッキが今でも使われています。温度をキープできるなどメリットがありますが、今ではずいぶん少なくなっているようです。「喉の渇きを潤す爽やかな飲み物」というのが日本のビールの正しいあり方。やはり透明のグラスで爽やかに楽しむのがいいように思えます。

また、ビールの冷たい喉越しを堪能するために、常に適温状態で飲める小さめのグラス、というのも外せないポイントです。クイッと1~2口ぐらいで飲み干せるサイズがぴったり。さらにいうと、繊細な味わいを楽しむには、グラスは薄い方がいい。

そんな条件を満たす酒器として特に私がオススメしたいのは、シャンパングラスです。1~2口で飲み干せるサイズだし、見た目もスマートで愛らしい。薄く繊細なものが多いし、軽やかに楽しむには最適です。

なぜ、ビールにシャンパングラスを使用するお店が少ないのか不思議です。

日本のビールにジョッキは合いません

ビールはやはり「ジョッキで豪快に行きたい」と考える人は多いでしょう。でも、私はジョッキをあまりお勧めしたくない。なぜならジョッキは、日本におけるビールの楽しみ方にそぐわない、と思うからです。

口の広い水差しや柄付きの大ぶりの入れ物を指す英語のジョグが日本でジョッキと呼ばれるようになったのですが、先述の通り、ヨーロッパでは、冷たいビールはあまり飲まず、常温に近い状態で、麦芽のコクをじっくり味わうように飲むのが主流です。つまり、ビールがぬるくなってもさほど問題なし。ビールの温度にこだわらず、何度もつぎ足すこともなくジョッキでゆっくりと飲む文化が根づいたというわけです。

しかし、日本は「炭酸の喉越しを楽しみながら、冷たいビールをゴクゴク」の文化です。大ぶりのジョッキでは、炭酸が抜けてしまうし、すぐにぬるくなってしまうし、何より重い！　飲み口も分厚くて、せっかくのビールの繊細な味わいが引き立ちません。

日本でのビールの楽しみ方からすると、ジョッキは不向きと言い切ってしまっていいいかもしれません。

とはいえ、ジョッキならではの魅力があるのもまた事実。クリーミーな泡は居酒屋のジョッキ生ビールならではだし、陽気で楽しい雰囲気を演出する、という点では捨てがたい。まあ、「日本のビールには小ぶりのグラス」との原則は頭の片隅に入れつつも、ルールにこだわることなく、シチュエーションに合った楽しみ方をするのがイチバンです。

クリーミーな泡がこんもり！ 美味しい注ぎ方

クリーミーな泡、白い泡と琥珀色の液体のバランス、きめ細かい炭酸…絶妙に注がれたビールの味わいは格段に違います。ということで、ビールが抜群に美味しくなる注ぎ方を、伝授しましょう。

1 ビアグラスはキレイに洗い、よく乾かして使用

前述したように、グラスを凍らせるのは、ビールの美味しい注ぎ方に反するやり方。冷凍庫から出すと瞬時に霜がグラス表面に張り付き、ビールの泡立ちをジャマするうえ、水分が混じって味わいも悪くなります。

ちなみに、ベルギーでは、ビールを注ぐ直前にグラスをきれいに洗い、濡れたまま水分をしっかり切ってそこへビールを注ぐというサービス方法をとります。油分や汚れがグラスに残っていると泡立ちが俄然悪くなるので、きれいに洗うのが鉄則。何といっても、ビ

ールの美味しさは泡によるところが大きいのですから。

2 まずは勢いよく注ぐ

ビールのフタの役割をしてくれる泡をつくるために、注ぎ始めは勢いよく。たっぷりと厚みのあるきめ細かい泡をきっちりつくります。こうすることで、液体部分の炭酸がきめ細かいまま残ってなめらかでクリーミーな味になります。

3 次は、細くゆっくりと注ぐ

泡のフタをしっかり作ったら、その後は炭酸が出すぎず、またクリーミーな泡をさらにつくるために、ゆっくりと細く注ぎます。このとき、焦って一気に注いでしまうと、粗い味わいのビールになってしまいます。ここが勝負ドコロ。

4 グラスの縁から泡が盛り上がるまで、恐れず注ぐ

ビールの泡は消えてしまうものです。それを想定した上で、グラスの縁からこんもり盛り上がるまで、たっぷり注ぎます。「こ、こぼれる」というくらいまで注ぐのがコツ。

ベルギーでは、表面の粗い泡をナイフのような専用の「泡きり」でカットし、わざとこぼしてからお客様に出します。表面の粗い大きな泡は〝かえるの卵〟と呼ばれ、ゲップの元になるので嫌われているのです。

5 泡ばかりになっても、慌てない

ドボッと注いだら、泡だらけになっちゃった…と、そんなときも慌てないこと。しばらく待てば泡も落ち着きますので、それから改めてゆっくり注げばいいのです。美味しいビールはゆっくり時間をかけて。

6 泡のクリーミーさときめ細かい炭酸をご堪能あれ！

お待ちかね、ひと口グビっとどうぞ。こうして注ぐと、1口目に差が出ます。ビールの美味しさは、何といってもこの1口目。これが美味しければ、2口目、3口目も間違いなく美味しい！　注ぎ方が見事成功すると、ひと口飲むごとにグラスの淵に「泡のリング」ができるはずです。

この注ぎ方はビールだけではなく、発泡酒、第3のビールでももちろんいえること。お手頃なビール風飲料でも、大切にゆっくり注げば何倍も美味しくなります。

ビール腹にならない飲み方があった！

デブンッと突き出したみにくいお腹。俗に〝ビール腹〟といわれます。

でもこれ、本当にビールのせいなのでしょうか？

お腹が出る、つまり、カロリー摂取過多ということになりますが、実はアルコールの中でビールは最もカロリーが低いのです。

意外でしょうか？

そもそもお酒のカロリーというのは、アルコール度数に比例します。アルコールが高ければ高いほど、カロリーも高くなるというわけです。アルコール1gのカロリーは約7㎉とされていて、主なお酒とカロリーの関係は次の表のとおりです。

また、アルコール由来のカロリーは熱エネルギーとして発散されるため、代謝が早く、

お酒の種類	アルコール度数	100mlあたりのカロリー
ビール	5%	42kcal
赤ワイン	12%	70kcal
日本酒	15%	105kcal
焼酎	25%	140kcal
ウイスキー	40%	248kcal

脂肪として体には蓄積されにくいといわれています。

そう、つまり、お酒だけでは太らない、いや、太れないのです。

ビール腹なんて、ビールが目の敵にされることが多いのですが、ビールだけでビール腹になることはないのです。

では原因は何なのか？　実は、一緒に食べるおつまみこそが、ビール腹の原因です。爽快さと苦味が身上のビールには、唐揚げ、串カツ、とんかつ、焼き肉、ピザ、ハンバーグ…などなど脂っこい料理が、すごぶる合っちゃう。つい、こうした料理を一緒に食べてしまうから、ビール腹になってしまうのです。

なにも、ビールが悪いわけではない。これら脂っこいおつまみを控えない限り、ビール腹とオサラバはできないのです。

第5章

【焼酎の新常識】

真の味わいが引き立つ〝流れ〟のつくり方

\\ 3分でわかる! //

最高の1杯に出会うための「焼酎」入門

「ラベル」の読み方でマスター 焼酎のいろは

本格焼酎

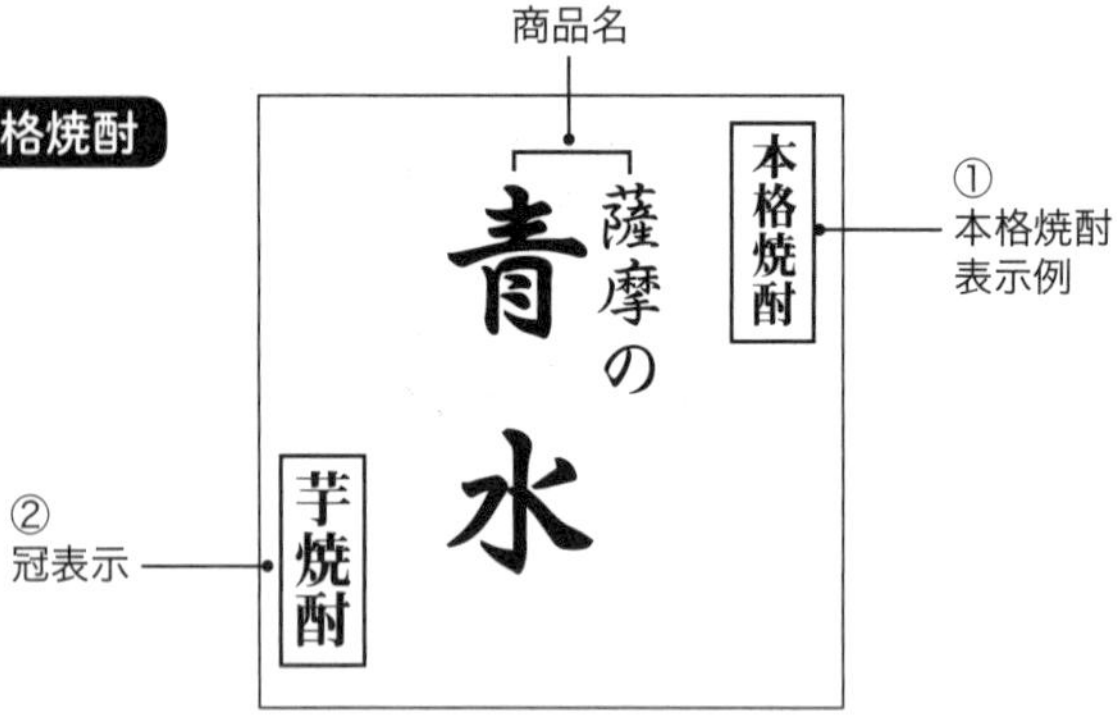

混和焼酎

①「本格焼酎」と「混和焼酎」の違い

焼酎には「本格焼酎」「琉球泡盛」「甲類焼酎」「混和焼酎」などがあるが、「本格」と「混和」は間違えないように注意したいところ。

そもそも「本格焼酎」とは、単式蒸留器での1回蒸留という伝統的な製法によって造られる焼酎のこと。原料独特の風味や味わいが生きてくる製造法のため、原料ごとにバラエティに富んだ個性が楽しめる。それに対し連続式蒸留で造られるのが癖のない「甲類焼酎」。

一方「混和焼酎」とは、甲類焼酎と本格焼酎をブレンドした焼酎のこと。無味無臭な甲類を混ぜることで、飲みやすい味わいにしている。

②「冠表示」だけで判断してはいけない

ボトルに大きく「芋焼酎」などと記載されていると、「本格焼酎」と思ってしまう。しかし、混和焼酎も一定の条件はあるものの「芋」や「麦」といった冠を謳うことは可能。混和の場合は「焼酎乙類甲類混和」といった表示が義務付けられているので、よく見てみよう。

味わいを大きく左右する「一次仕込み」とは?

実は、ラベルに記載されている「芋」や「麦」といった原料は、あくまで二次仕込みに使用する原料のこと。焼酎は「一次」と「二次」の2回の仕込みで造られるが、「一次」で使用した原料によって味わいが大きく変わるのだ。

傾向として、「麦」を使うと軽快な味わいに、「米」を使うとこってりした味わいになる。一次に麦を使用する米焼酎もあれば、一次に米を使用する麦焼酎もあるので、「麦焼酎だから軽快なはず」とは一概には言い切れない。

飲みたい1本・好きな味がわかる!
「焼酎」の味わいチャート

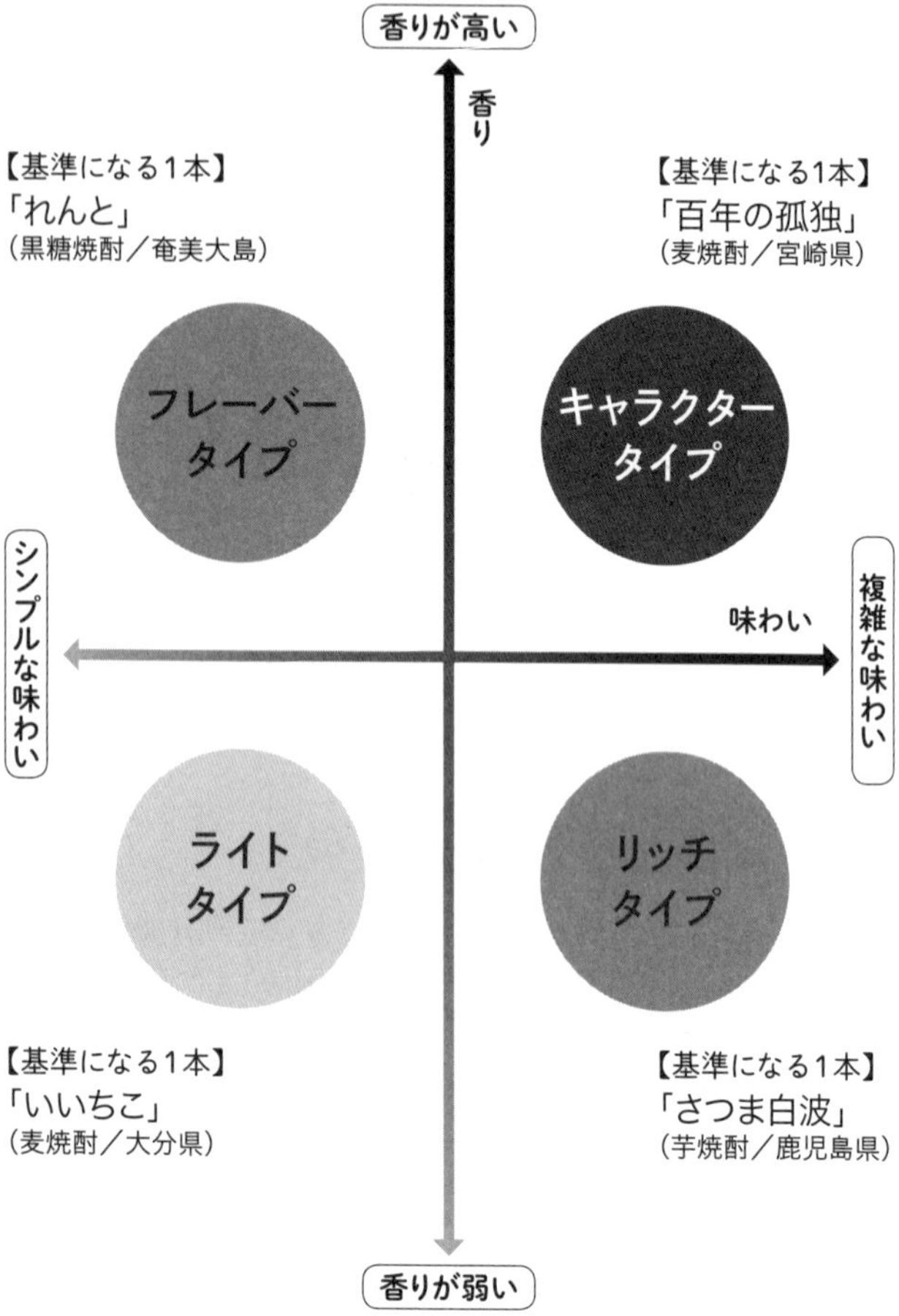

図版参照元　© 日本酒サービス研究会・酒匠研究連合会 (SSI)

①「フレーバー」タイプ

比較的フルーティーな香りとテイストの焼酎。清涼感があるので、オンザロックや水割りがオススメ。柑橘果汁を使った魚料理やフルーツそのものとも合う。

◎このタイプの主な銘柄
「鳥飼」（米焼酎／熊本県）、「富乃宝山」（芋焼酎／鹿児島）

②「ライト」タイプ

軽快な味わいでスッキリしたタイプの焼酎。クセのないタイプなので、オンザロックにしても、カクテルなどで割って飲んでも楽しめる。合わせる料理も選ばないオールラウンダー。

◎このタイプの主な銘柄
「海」（芋焼酎／鹿児島県）、「白岳しろ」（米焼酎／熊本県）、他甲類焼酎

③「リッチ」タイプ

濃厚で味わい深いタイプの焼酎。脂の乗った食材によく合う。飲み方としてはお湯割りで温かくいただくのがベスト。

◎このタイプの主な銘柄
「山乃守」（麦焼酎／長崎県）、「武者返し」（米焼酎／熊本県）

④「キャラクター」タイプ

その名の通り個性豊かな香りと複雑な味わいが特徴の焼酎。スパイシーな料理にも合えば、チョコレートといった甘いスイーツにも好相性。じっくり味わえるようストレートやオンザロックがオススメ。樽熟したタイプもこのカテゴリー。

◎このタイプの主な銘柄
「兼八」（麦焼酎／大分県）

せっかくの〝底力〟、ちゃんと楽しめてる？

焼酎は、自由度の高いお酒です。

自分好みの味わいにできるし、アルコール度数も好みに応じてつくりかえることができます。オンザロック、水割り、お湯割り、お燗、ソーダ割り、パーシャルショット（氷点下で凍らせる）、ストレート、梅入り、梅酒割り、ホッピー割り、お茶割り、その他さまざまなカクテル…と、ちょっと思い浮かべるだけでも、これだけの飲み方があります。

それなのに、いざ焼酎を飲むとなると、麦焼酎でも芋焼酎でも、水割りの人は何でも水割り、お茶割りの人はずーっとお茶割り一辺倒…なんてケースが多いのではないでしょうか。首都圏で焼酎ブームが起こった際には、みんなそろってオンザロック、なんてこともありました。

焼酎の〝実力〟を思うと、この飲み方、ちょっともったいない気がしてしまうのです。

また、「焼酎には何を合わせてもいい。どんな料理でも合うから」とよく言われます

(なかでも、昔ながらの焼酎ファンの方に多いのではないでしょうか)。

そのためか、「イタリアンの前菜だから白ワインを注文しよう」「お刺身なら日本酒だね」、あるいは「ビールを飲むなら唐揚げ!」という意見はよく聞かれますが、「○○なら焼酎」や「焼酎を飲むのなら××を添えたくなる」という声を耳にすることはほとんどありません。

難しいこと抜きでとにかく飲むことが、酔っぱらうことが焼酎の楽しみの一つであることは間違いない。でも、「何にでも合う」というのは、裏を返せば「どれにも合わない」と同じことでもあるのです。焼酎自体にも味の特徴はありますし、さらに焼酎の中でも味の個性はそれぞれ。ならば、〝合う・合わない〟が存在しないはずがありません。

もちろん、お酒自体、自由に楽しむものですから、各自の好みで飲めばそれでOK。

しかし、焼酎にも「美味しい飲み方」「料理との美味しい組み合わせ方」があるのです。それを、ぜひ知ってほしい。それを知っていると知らないとでは、焼酎の味がまったく違う。今まで気づかなかった〝焼酎の新常識〟を知ることで、いつもの焼酎がもっと美味しく、もっと豊かになるはずなのです。

美味しく飲みたいなら〝ストーリー〟を立てなさい

焼酎は、大きく分けると「本格焼酎」と「甲類焼酎」に分けることができます。

簡単に言えば、伝統的な「単式蒸留」で造られる本格焼酎は、穀類や芋などを原料に一度だけ蒸留するので、原料の風味が生きた個性あふれる風味に仕上がります。一方の甲類焼酎は、「連続式蒸留」という連続して何回も蒸留する方法で造られるので、よりピュアアルコールに近い癖のない焼酎になります。

この他にも、沖縄の「泡盛」や、本格と甲類を混ぜた「混和焼酎」なんてものもありますが、まずは個性がある分、楽しみ方の幅も広い本格焼酎のお話をしていきましょう。

本格焼酎を楽しむ上で何よりもお勧めなのは、「ストーリー」をたどるような飲み方です。これは間違いありません。

では、「ストーリー」とは何か。それは、簡単に言えば「飲み方（割り方）」に〝流れ〟をつくる、ということです。

たとえば、同じ焼酎でも、最初はソーダ割りのハイボール風で喉の渇きを潤す。もしくは、サイダーなどで割った簡単なカクテルもいいでしょう。2杯目は水割りで料理とともに。3杯目にはオンザロックで原料の味を楽しみます。4杯目には温かいお茶割りやお燗で体にやさしく。最後はストレートでキュッとしめる…といったように。

実は、たった1本の銘柄で、ここまで味に変化を作れるお酒は、他にはそうありません。ワインで言えば、最初はスパークリングで、次に軽めの白に移って、最後はどっしりした赤で締める、なんてことが、焼酎ならたった1本でできるのですから。

この変幻自在さこそ、焼酎の最大の魅力の一つなのです。

こうしたストーリーの組み立て方がうまいのは、何と言っても先に述べたワイン。1章(36ページ)でも紹介しましたが、まずは、長い歴史の中で磨き上げられたワインの組み立て方を、焼酎で再現してみてはいかがでしょうか。きっと新たな楽しみ方を見つけられるはずです。

もっと美味しい上級〝ストーリー〟

「1本の焼酎」で飲み方を変え、楽しむコツをご紹介しましたが、もしもお手元にいろんな種類の焼酎があったり、品揃えの豊富なお店で飲む際は、より大きな変化が味わえるストーリーを考えてみましょう。

順を追って原料を変える、というのがその方法です。焼酎ほど原料が豊富で、それによって様々な個性が楽しめるお酒はないのですから、それを活かさない手はありません。

例えば、初めはクセのない麦焼酎をオンザロックで爽やかに、その後は黒糖焼酎の水割りで華やかに、次は、球磨焼酎のストレートのお燗（直燗）にトライして、次は芋焼酎の前日割り（前もって水で割っておくこと）のお燗でゆったりと。最後は樽熟したインパクトのある熟成麦焼酎でスイーツとともにしめる…なんて組み立て方はいかがでしょうか。

あるいは、フルーティな米焼酎をクラッシュアイスの入ったシャンパングラスにいれ乾杯し、続いて冷やした麦焼酎を白ワイングラスでパスタとともに。そのあとは常温の芋焼酎を赤ワイングラスで肉料理とともにゆっくりと。最後は凍らせておいた初留《しょりゅう》取りの高アルコール焼酎をリキュールグラスで一口。おつまみはブリ・ド・モー。オシャレでしょう。

なぜ、ここまで力強くよくお勧めできるのでしょう。それは、私が本格焼酎のみでフランス料理やイタリア料理のフルコースを楽しむ食事会をよく演出させていただくからです。

焼酎に慣れない人にも喜ばれますし、焼酎に慣れた方にも新しさに驚かれます。ぜひ、試してほしい飲み方です。

〝本格〟でカクテル、むしろアリ

飲み方、割り方でストーリーを組み立てるとはいっても、例えばソーダ割りに適した銘柄やストレートに適した銘柄を知らないことには、上手な組み立てはできません。そこで大きなヒントになるのが、焼酎の「4つのタイプ分け」です。

168ページでも紹介しましたように、焼酎は香りと味わいで4つのタイプに分類することが可能です。そして、各タイプにはお勧めの飲み方や温度があります。これらの特徴を知ることで、より上手な組み立てができるようになるはずです。

華やかでフルーティーな香りの「フレーバータイプ」はオンザロックやソーダ割りに。華やかさがさらに生きてきます。酒器はワイングラスやシャンパングラスが似合います癖がなく飲みやすい「ライトタイプ」は、冷やしてストレートや水割りに。レモンやシークワサー、柚子、カボスなどご当地柑橘や定番の梅干し、そのほか様々な割り材で味わいをプラスしてもいいでしょう。

本格焼酎本来の個性が生きた「リッチタイプ」は、とにかくお湯割りやお燗が向きます。焼酎には含まれていない甘さや酸味、コクを不思議に感じさせてくれます。手のぬくもりが伝わるような陶器や磁器がお勧めですが、ここはやっぱり、熊本の伝統酒器「ガラ」と「チョク」、鹿児島の「千代香《ぢょか》」を使いたいものです。

樽熟成で個性的な風味のある「キャラクタータイプ」は、ウイスキーやブランデーのように小ぶりのショットグラスやリキュールグラスでストレートを楽しみましょう。もしくは透明の氷を使ったオンザロックやソーダで割ったハイボールも人気です。

個性を楽しむ本格焼酎ですが、さまざまな飲み方で楽しむことができます。ジュースやお茶、ソーダなどの割り材で味付けして飲むのは甲類焼酎だけの特権ではないのです。

この飲み方には、この1本を

もう少し詳しく知りたいという方のために、それぞれの割り方に向くタイプについて、お勧め銘柄と合わせて簡単にご紹介しましょう（お湯割りについては後ほどじっくりご紹介します）。

○濃厚で香ばしい麦焼酎↓オンザロック、水割り、ハイボール（銘柄は「兼八」「常徳屋」など）

○華やかな芋焼酎↓オンザロック（銘柄は「富乃宝山」「森伊蔵」「紫尾の露　CLASSIC」など）

○軽快で華やかな米焼酎↓オンザロック、クラッシュアイス、ソーダ割り（銘柄は「鳥飼」「白岳」など）

○樽熟成焼酎↓オンザロック、ストレート、水割り、ハイボール（銘柄は「百年の孤独」「大石」「石の蔵から」「天使の誘惑」など）

○泡盛↓水割り、オンザロック（銘柄は「春雨」「於茂登」など）

○黒糖焼酎↓水割り、オンザロック（銘柄は「龍宮」「れんと」など）

○高アルコール焼酎↓パーシャルショット、ストレート、オンザロック（銘柄は「爆弾ハナタレ」「万暦　初留取り」「刀　初留取り」など）

焼酎は〝地域まるごと〟楽しむと格別に

本格焼酎というのは郷土色の強いお酒です。それゆえ、それぞれの土地の郷土料理と合わせて飲むのがセオリーともいえます。なぜなら、その土地で造られるお酒というものは、その土地の料理や風土と合うように造られていくものだからです。

本格焼酎・琉球泡盛のルーツはやはり九州・沖縄。地焼酎を飲むなら、その土地の伝統郷土料理と一緒がいいですよね。

九州各県で造られている焼酎と、長い経験から生まれた郷土料理や食材について簡単にまとめましたので参考にしてみてください。

○福岡県

清酒造りも盛んなことから、酒粕でつくられる個性派の「粕取《かすと》り焼酎」、飲みやすい「麦焼酎」

郷土料理：辛子明太子、おきゅうと、もつ鍋、鶏の水炊き、がめ煮、ゴマサバ、鰻のせ

いろ蒸しなど。鉄鍋餃子や博多ラーメンなど愛すべきB級グルメ

○佐賀県

福岡同様、清酒文化で生まれる「粕取り焼酎」、吟醸酒を蒸留して造った「吟醸焼酎」「麦焼酎」など

郷土料理：ムツゴロウの蒲焼き、ふなんこぐい、ガニ漬けなど有明海の魚介料理。呼子のイカ

○長崎県

壱岐《いき》は「麦焼酎」発祥の地。「壱岐麦焼酎」は、WTOが定めている知的財産保護のための条例「TRIPS協定」で地域指定のブランド酒として世界的に認められている。米麹をふんだんに使う麦焼酎なのでしっかりコクのある麦焼酎となる。

郷土料理：卓袱《しっぽく》料理、あご料理、壱岐のウニ、皿うどん、ちゃんぽんなど

○熊本県

球磨は「米焼酎」発祥の地。「球磨焼酎」は、TRIPS協定で地域指定のブランド酒として世界的に認められている。米100％で、また地元の水で仕込む米焼酎はライトタイプからリッチ、キャラクタータイプまで様々。ストレートのお燗を飲む習慣も

郷土料理：辛子レンコン、一文字《ひともじ》のぐるぐる、肥後田楽、馬刺し、高菜、尺鮎、骨かじりなど

○大分県

麦麹を100％使用した「大分麦焼酎」。とにかく癖がなく軽快な焼酎。飲みやすい焼酎ブームを生み出した実績は大きい

郷土料理：関アジ、関サバ、城下《しろした》カレイ、フグ料理、すっぽん料理、あたま料理、きらすまめし（おから料理）、りゅうきゅう（魚の醤油胡麻和え）、鶏天など

○宮崎県

北部では「麦焼酎」、南部では「芋焼酎」の生産量が多く、「米焼酎」もある。また高千穂は「そば焼酎」発祥の地。

郷土料理：冷や汁、チキン南蛮、けんちん汁、日向かぼちゃ、蛤《はまぐり》料理、地鶏の炭火焼きなど

○鹿児島県

「薩摩芋焼酎」は、TRIPS協定で地域指定のブランド酒として世界的に認められている。また、奄美大島は「奄美黒糖焼酎」が造られている

郷土料理：豚骨（豚の角煮）、つけあげ（さつま揚げ）、きびなご酢味噌、鰹料理、鰹節、豚味噌、鶏飯、黒豚しゃぶなど

○沖縄県

日本の焼酎発祥の地。タイ米を使用し黒麹で醸す「琉球泡盛」。3年以上寝かせた古酒《クース》も人気

郷土料理：チャンプルー、ソーキやミミガーやラフティやテビチなど豚肉料理、海ぶどう、スクガラス（あいごの稚魚の塩漬け）、ゴーヤ、ジーマミ豆腐、豆腐羹、など

焼酎と料理の関係でもう一つ。地元で飲む焼酎がことのほか美味しいわけがあります。ご承知の方も多いと思いますが、九州の醤油はとろりとして甘いのです。この甘い醤油が焼酎にじつによく合うのです。清酒の国福井県で育った私は新鮮なお造りが出てくれば思わず清酒と思います。しかし、九州で食べる魚介には、不思議と焼酎が合うのです。それは、あの甘い醤油が魚と焼酎のいい仲介役を果たしてくれるから。意外なことに九州の地元の人はこのことに気がついていません。醤油のほかにも、九州の料理は全体に甘い味付けが多いもの。これもまた焼酎を美味しくしてくれるのです。

考えてみれば、米由来の甘さがある清酒には、甘い料理ではなく、塩辛くて味が凝縮した珍味などのおつまみが美味しいものです。ドライな焼酎には甘いおつまみを、甘い清酒には塩辛いおつまみを。

同じ原料でも〝重い〟と〝軽い〟が生まれるワケ

本格焼酎には、驚くほど多くの種類があります。芋、麦、米、黒糖といったおなじみのものから、蕎麦、あずき、牛乳、かぼちゃ、たまねぎ、抹茶、サボテン、大根などなど、その顔ぶれは実にユニークです。これらはすべて、二次仕込みの際に原材料として入れる素材で、その風味がそれぞれの焼酎の最終的な味わいを決定します。

しかし、例えば同じ芋焼酎、麦焼酎でも、味の重みや特徴がまったく異なるタイプがあります。例えば、鹿児島県の芋焼酎は味がふくよかで濃厚で甘い香りが残りますが、もう一つの芋焼酎の名産地である伊豆の芋焼酎は軽快でドライ、キレがある味わいです。また、壱岐の麦焼酎はとても濃厚ですが、大分の麦焼酎は実に軽快です。

この違いは何か。

それは一次仕込みで使われる麹が「米麹」か「麦麹」かによるのです。米麹ベースは濃厚でリッチな余韻が魅力です。麦麹ベースは軽快で飲みやすくキレのある飲み心地です。同じ芋や麦でも、麹の種類で好みの味を探すのはちょっとツウっぽい感じがしませんか。

また最近では「芋麹」を使った芋焼酎も見かけるようになりました。芋麹&芋でつくるので、いかにもさつまいもらしい甘くなめらかでふっくらとしたまろみのある味わいになっています。

鹿児島県民だけが知る「お湯割りの極意」

芋焼酎のお湯割りは甘くやさしい風味が魅力ですが、お湯割りには「ちょっとこだわりの」作り方があります。芋焼酎のふるさと、鹿児島県では広く知られているお湯割りのコツ、お教えしましょう。

ご存知の通り、お湯割りは「焼酎とお湯を混ぜる飲み方」です。蒸留酒である焼酎は、アルコール度数が25〜35度、なかには40度以上のものもあるので、水(氷入りが多い)やお湯で割ってアルコールをソフトにして飲むことが多いのです。

基本的に暑い地方に多い焼酎は、ほとんど水割りや氷を入れて飲みますが、お湯で割るのは、どうやら鹿児島県が最初に始めたようで、次のようなメリットがあります。

・温かいことで、風味（とくに香り）を何倍にもふくらませてくれる
・温かいことで、体に優しい
・自分の好きな割り具合にできるので、濃くも薄くもでき、体調に合わせ無理なく飲める
・つまみに合わせやすい（あまりアルコールの強いものだと刺激が強く、料理の味がわからなくなってしまう）
・焼酎の良し悪しがわかる（手抜きで造られた粗悪焼酎は、温めるとテキメンに化けの皮がはがれてしまいます）

「お湯から先に入れなさい」

お湯割りのコツですが、原則は「焼酎のお湯割りは、お湯から先に入れる」こと。これ、

鹿児島の流儀です。

その理由のひとつは、酒器にお湯を先に入れることでお湯の温度が下がり、熱すぎないちょうどいい温度のお湯割りができるという点。お湯割りは熱過ぎないほうが断然美味しいですし、やや冷めたお湯にあとから焼酎を入れることでアルコール分が揮発しにくく、優しくまろやかな飲み口になります。また、お湯と焼酎の温度差で、自然に混ざりやすくなります。

ちなみに、焼酎が先でも悪くはなく、その場合は焼酎に直接熱いお湯があたるので、アルコール分が揮発し、刺激の強い、辛口（ドライ）な口当たりになります。焼酎を最初に注ぐことで、お酒の量をコントロールしやすいといった良い面もあります。

正統派はお湯割りではなく「お燗」

お湯割りも良いものですが、さらなる通は焼酎のお燗です。

焼酎と水を好みの量で混ぜて「ちろり」や「千代香」「がら」などの酒器に入れ、直火にかけたり湯煎にしたりしながら、じっくりと温度を上げてつくります。実は、お湯割りとはこのお燗づくりを簡略化したもの。焼酎にジョーッとお湯を注ぐだけと手間がかからずラクちんですから。昔からお客様をおもてなしするときは、前日に水と焼酎を混ぜ、それをゆっくりお燗してお出ししたのです。ちょっと手間をかけた分、柔らかい味わいで格別な美味しさがあります。

さて、お湯にしてもお燗にしても、焼酎とお湯（または水）を注ぐ割合で人気なのは「ロクヨン」。焼酎6に対しお湯（水）が4で「ロクヨン」です。アルコール25度の焼酎の場合、「ロクヨン」で混ぜると度数が15度になります。つまり、日本酒と同じくらいになる。「5：5」なら、アルコール12・5度。ワインと同じくらいですね。食事に合わせて飲むのなら、味の面でもこのぐらいのアルコール度数がちょうどいいようです。

お湯割りにすると美味しい焼酎あれこれ

お湯割りやお燗にすると美味しい焼酎とはどんなタイプでしょうか。お勧めのタイプをいくつか挙げてみましょう。

○伝統的な、または、リッチタイプの薩摩芋焼酎

芋はお湯割りにすることで、心地いい甘い香りが立ってきます。濃厚でリッチな味わいのものが、お湯割りには向いています。具体的な銘柄では、「さつま白波」、「島美人」、「桜島」、「黒伊佐錦」「一刻者《いっこもん》」「六代目百合」など。昔から地元はもとより、全国の芋焼酎ファンに愛されている銘柄がこのタイプです。

○伝統的な、または、リッチタイプの球磨焼酎（米焼酎）

米焼酎というと、さっぱりクセがなく飲みやすいと思われがちですが、なかには強烈な個性を持っているものもあります。例えば、歴史ある球磨焼酎の常圧タイプや黒麹タイプ、熟成期間の長いタイプは非常に濃厚で個性的。これらはお湯割りにすると、ふくよかさがプラスされて魅力倍増です。具体的な銘柄は、「武者返し」、「六調子」、「極楽」、「文蔵」、「球磨の泉」など。

○伝統的な、または、リッチタイプの壱岐焼酎（麦焼酎）

麦焼酎ほどさまざまなタイプがある焼酎はありません。本当にクセのない超軽快なタイプから非常に濃厚なもの、樽熟成が長いモルトウイスキーのような味わいのものまで、その幅広さは天下一。お湯割りに向くのは、まずは、前出の芋や米と同じようにリッチタイプです。濃厚な麦焼酎の代名詞は壱岐焼酎。米麹をたっぷりと使う贅沢な麦焼酎で、歴史もあります。なかでも、「山乃守」、「ちんぐ」、「猿川《サルコー》」、「天の川」などは、お湯割りにお勧め。

○軽快なタイプの麦焼酎

濃厚タイプがずらりと並びましたが、麦焼酎の軽快なタイプも実は、お湯割りに向きます。すっきりと爽やかで軽い香ばしさがあり、臭みや嫌みがなく、とにかく飽きない。梅を入れたりお茶割りにしてもクセがないので、自分好みの味つけやお湯割りを楽しめるのがこのタイプです。ご存知、「いいちこ」「二階堂」「田苑」「吉四六《きっちょむ》」などがそれ。料理を選ばないのも人気の理由です。軽快すぎず、やわらかいコクが楽しめるタイプでは宮崎の「中々《なかなか》」。こちらもお勧め。

人生の活動源として

いま要求される新しい気運は、最も現実的な生々しい時代に吐息する大衆の活力と活動源である。

文明はすべてを合理化し、自主的精神はますます衰退に瀕し、自由は奪われようとしている今日、プレイブックスに課せられた役割と必要は広く新鮮な願いとなろう。

いわゆる知識人にもとめる書物は数多く窺うまでもない。

本刊行は、在来の観念類型を打破し、謂わば現代生活の機能に即する潤滑油として、逞しい生命を吹込もうとするものである。

われわれの現状は、埃りと騒音に紛れ、雑踏に苛まれ、あくせく追われる仕事に、日々の不安は健全な精神生活を妨げる圧迫感となり、まさに現実はストレス症状を呈している。

プレイブックスは、それらすべてのうっ積を吹きとばし、自由闊達な活動力を培養し、勇気と自信を生みだす最も楽しいシリーズたらんことを、われわれは鋭意貫かんとするものである。

—創始者のことば— 小澤和一

著者紹介

友田晶子〈ともだ あきこ〉

トータル飲料コンサルタント。ソムリエ、ワインコーディネーター、日本酒きき酒師、焼酎きき酒師。日本初のワイン専門スクール、アカデミー・デュ・ヴァン東京校の開校発足時よりアシスタント講師を務めた後、渡仏。本場ボルドーでワイン醸造を学び、帰国後ソムリエ&ワインコーディネーターとして独立。日本酒サービス研究会(SSI)発足にも携わる。現在はワイン・日本酒・焼酎・ビール・カクテル・チーズ・パン…とアルコール飲料とそれに関わる食全般の専門家として活躍。酒販店や料飲店などプロ向けコンサルティングを行っている他、酒と食に関する一般向けセミナーや『Pen』『dancyu』『All About』をはじめとするメディアでの活動も「分かりやすい」と評判。

赤《あか》ワインは
冷《ひ》やして飲《の》みなさい

青春新書 PLAYBOOKS

2016年1月5日 第1刷

著 者 友《とも》田《だ》晶《あき》子《こ》

発行者 小澤源太郎

責任編集 株式会社プライム涌光

電話 編集部 03(3203)2850

発行所 東京都新宿区若松町12番1号 〒162-0056 株式会社青春出版社

電話 営業部 03(3207)1916 振替番号 00190-7-98602

印刷・図書印刷 製本・フォーネット社

ISBN978-4-413-21055-3